'Los Reinos de las Indias' y el lenguaje de denuncia política en el mundo Atlántico (S. XVI-XVIII)

Dos años de aventuras históricas en un blog

Natalia Silva Prada

'Los Reinos de las Indias' y el lenguaje de denuncia política en el mundo Atlántico (s.XVI-XVIII). Dos años de aventuras históricas en un blog

'Los Reinos de las Indias' y el lenguaje de denuncia política en el mundo Atlántico (S. XVI-XVIII). Dos años de aventuras históricas en un blog. Natalia Silva Prada. (Colección Memorias de un blog).

Primera edición, 2014

© Natalia Silva Prada. Todos los derechos reservados

Publicado por CreateSpace, Amazon Company en Charleston, South Carolina, Estados Unidos

ISBN 9781495248184

Ilustración de portada: "La Nueva Jerusalén" (Talla en madera anónima). Library of Congress, Prints and Photographs Division, Washington, D.C.

A mis exalumnos, inspiradores de este experimento

A mi mamá, atenta lectora de mis líneas periódicas

A mi papá, Riccardo y Cami por su apoyo y amor incondicionales

ÍNDICE

1. Introducción: ¿Por qué crear y escribir un blog de historia cultural de la política y convertirlo en un libro?

La respuesta breve es porque soy una entusiasta historiadora preocupada por la difusión del conocimiento histórico. Dicha preocupación está anclada en mi propia trayectoria académica. Mi gran pasión por la historia nació desde el principio de mi carrera en Colombia, la cual ha tenido una tendencia creciente e ininterrumpida en los últimos 25 años.[1] Mi experiencia en ámbitos académicos diversos ha favorecido la delimitación de la perspectiva político cultural que ha caracterizado a mis investigaciones. Los estudios en Colombia y en México despertaron mi interés por el espacio iberoamericano y el periodo del gobierno de España en América. Asimismo, las estancias de investigación en España, Italia y Estados Unidos han contribuido de manera considerable a recrear mi propia visión de la Historia.

Quienes conocen mis publicaciones académicas se preguntarán, ¿Por qué una profesora universitaria se dedica actualmente a nutrir el espacio digital que parecía reservado a los temas ligeros y de actualidad? Buena parte de estas razones nacen del periodo en el que estando aún vinculada a una institución universitaria veía con tristeza enmohecer nuestros libros en los rincones perdidos de las librerías o una ignorancia total por parte de colegas y estudiantes sobre la existencia de nuestras propias investigaciones publicadas. Fue entonces cuando concebí una manera de ayudar a cambiar esta situación.

El impulso ocurrió en el momento en el que tuve la oportunidad de dedicar una gran parte de mi tiempo a difundir la historia por los canales de la comunicación virtual. Muchos conocen las razones de esta oportunidad, muchos no. Es una historia larga

---

1 Los invito a visitar la página del blog 'Los Reinos de las Indias en el Nuevo Mundo' titulada "Historia cultural de las prácticas políticas" (http://losreinosdelasindias.hypotheses.org/historia-cultural-de-las-practicas-politicas) en donde explico detalladamente el curso de esta trayectoria.

pero digamos que ya no vivo en el país que me acogió –México- y en donde laboré como docente universitaria por más de una década. En este periodo de transición estoy dedicando una gran parte de mi tiempo a darle sentido al "aula virtual" a la que me referí en la entrada del 13 de abril de 2011.

La experiencia como historiadora-bloguera y el contacto con la gente durante estos tres últimos años fueron y continúan siendo muy estimulantes. El interés de las personas que han dejado sus comentarios en el blog, en mi página de Facebook o en mi email, me han impulsado a convertir los dos primeros años de 'entradas' en una publicación impresa –digital y en papel- que compile todo este esfuerzo y haga más fluida y articulada la lectura de las mismas. Otra motivación para llevar a cabo este experimento es por supuesto, la de ver el producto de mis investigaciones de los últimos años en un formato más formal y por qué no confesarlo, intentar obtener alguna ganancia material que contribuya a seguir sosteniendo el blog.

La plataforma digital en la que mi blog está actualmente alojada se llama *Hypotheses*, un 'blog de blogs' académicos, operada por el *Centre for Open Electronic Publishing* (Cléo, France), en el que trabajan conjuntamente el CNRS[2], el EHESS[3], la Aix-Marseille Université y la Université d'Avignon. El mío en particular, forma parte de la sección de blogs en español: http://es.hypotheses.org

Quiero expresar mi especial gratitud a todos los lectores y comentaristas de 'Los Reinos de las Indias'. Sin ellos seguramente no hubiera tenido el impulso de seguir escribiendo. Algunos de sus nombres aparecen aquí, los de los más tímidos y reservados obviamente no. La lista sería larga y seguramente olvidaría a alguien, razón por la que no los nombraré uno a uno. Pero lo importante es dejar constancia de la existencia de una comunidad

---

2 Centro francés para la investigación científica cuya sigla significa, *Centre national de la recherche scientifique.*
3 La Escuela de altos estudios en ciencias sociales (*Ecole des Hautes Etudes en Sciences Sociales*) es hoy uno de los más prestigiosos establecimientos franceses para la investigación.

virtual capaz de interactuar en cualquier rincón del planeta y que nominal o anónimamente, me han acompañado en esta aventura. Ellos son también, colaboradores de esta publicación: familia, amigos, colegas, exalumnos y gente que no conozco, pero que por las estadísticas sé que han estado leyendo el blog desde diversos lugares de América, Europa y Asia.

Deseo expresar mi particular agradecimiento a la profesora Frédérique Langue, quien sugirió mi blog al equipo de *Hypotheses*, de quienes recibí posteriormente la invitación a participar de su interesante plataforma.

Las magníficas colecciones bibliográficas y documentales de la *Fondazione Luigi Einaudi* y *Filippo Firpo* de Torino, la Biblioteca Nacional de Torino, la *Library of Congress* de Washington y las colecciones digitales y físicas de los archivos y bibliotecas de España, Francia, México y Colombia han sido un gran soporte para llevar adelante las investigaciones que están detrás de cada *post*.

2. ¿Cuál es el hilo conductor de Los Reinos de las Indias en el Nuevo Mundo?

Básicamente, las prácticas de disenso político en Iberoamérica. En los tres años de existencia de este blog, la autora ha puesto a disposición de los lectores material de investigación novedoso en un intento por difundir los avances de la historia cultural y en particular de la historia cultural de la política en el contexto del mundo Atlántico euroamericano en los siglos XVI, XVII y XVIII. Los dos primeros años del blog 'Los Reinos de las Indias' constituyen una recopilación de palabras subversivas que puestas en su contexto ayudan a recrear la historia de la cultura política de los siglos señalados.

El nombre del blog fue diseñado de manera provocativa para cuestionar la pertinencia de usar como un comodín el concepto 'historia colonial' y la nominación de estos territorios descubiertos por Cristóbal Colón como 'colonias'. Este tema es parte de un trabajo pendiente y de una necesaria retroalimentación académica que aún no se cierra. Durante el año 2013 se buscó hacer énfasis en este argumento, esfuerzo que continuaremos durante 2014 a través de las historias de los reyes ilegítimos.

El nombre del blog tiene la intención directa de promover el uso del concepto de reinos y no de colonias para denominar a los territorios políticos incorporados como apéndices al reino de Castilla en el siglo XVI. Sabemos que es una postura demasiado asimilada en la historiografía y que será duro erradicar también el concepto de 'colonial' para referirse a los tres siglos de gobierno español en América. Pero es un gesto para evitar los anacronismos y para hacer énfasis en la necesidad de conocer mejor los procesos y las dinámicas históricas.

En marzo de 2013 reactivamos la discusión sobre el concepto de los reinos vinculado a la figura del rey, de donde tomamos prestada una entrada que nos sirve ahora para ilustrar este apartado. Después de este capítulo, los lectores encontrarán las publicaciones periódicas que nutrieron al blog desde enero de 2011 hasta diciembre de 2012.

En el año 2011 la temática privilegiada fue la crítica injuriosa a través de escrituras públicas conocidas como 'pasquines' o libelos infamantes y en el año siguiente, las profecías y sus protagonistas, profetas de diversas procedencias sociales y geográficas, especialmente del ámbito americano y a veces del europeo y del africano.

Una que otra vez, los dos ejes principales se encuentran salpicados por referencias a libros, artículos o documentos de reciente publicación sobre el periodo virreinal.

3. El rey, el reino y sus reinos de las Indias (o de por qué es inapropiado hablar de la colonia)
marzo 8, 2013

E LOS REYNOS
DE
LAS INDIAS.
CON EL INDICE GENERAL
TOMO QVARTO.

Portada de un ejemplar de la Recopilación
de Leyes de las Indias

El rey regía sobre un territorio, el reino. Pero, ¿Estamos seguros de conocer exactamente su significado?

En las *Siete Partidas* –uno de los referentes jurídicos más antiguos de los españoles–, se relacionaba al reino básicamente con la tierra, cuyo señorío era ejercido por el rey, con sus miembros, los hombres nobles y con el cuerpo, cuya cabeza era el rey.

Sin muchas variantes pero con mayor precisión, el *Diccionario de Autoridades* proclamaba que el reino era "una o muchas provincias sujetas a un rey", "el conjunto de vasallos sujetos a un rey" y "los diputados que con poderes del reino le representan y hablan en su nombre".

La relación entre el rey y el reino era absolutamente estrecha puesto que él era el símbolo de aquel, al punto que el obispo Juan de Palafox llegó a escribir que el buen vasallo no nacía en su patria sino en el corazón de su rey.[4]

---

4 David Brading, *Orbe Indiano. De la monarquía católica a la república criolla.* México, D.F., Fondo de Cultura Económica, 1991, p.268.

17

El reino, según la definición bien estructurada que proporcionó el historiador François-Xavier Guerra, era un espacio territorial de orden superior que acogía a las múltiples comunidades locales y a los diferentes cuerpos en que estaba estructurada la sociedad. El reino era una comunidad humana tendencialmente completa, por su territorio, por su gobierno y por el sentimiento que tenían sus habitantes de una común pertenencia y también de una común diferencia con otras comunidades análogas.[5]

Sin embargo, la fuerza de la costumbre ha llevado a aplicar incansablemente el término de 'colonia' y 'colonias' a los territorios americanos bajo el dominio español o incluso, los tres siglos de gobierno español en América se conocen de manera muy burda como "la colonia". Así mismo, y en un terrible equívoco conceptual, se habla del paso de la colonia a la república, como si de un sistema de gobierno se tratara.

En el siglo XVI una 'colonia' era un territorio poblado de gente extranjera "sacada de la ciudad que es señora de aquel territorio o llevada de otra parte". Juan de Covarrubias al citar el término, proporciona como ejemplo únicamente, el de las colonias romanas. Este diccionario era contemporáneo al experimento de poblamiento español en América y si las Indias hubieran sido consideradas colonias, esta debería haber sido la alusión por excelencia a la que hubiera tenido que recurrir el autor del *Tesoro de la lengua castellana.* De modo que una colonia no refleja tanto la idea de los reinos que se fueron configurando tras la conquista, puesto que aunque en dicho proceso hubo un poblamiento extranjero, el nacimiento de las Indias no ocurrió a partir de un traslado masivo e intencional de población extranjera. La imagen más apropiada de las colonias es el paradigmático caso del poblamiento inglés del este de Norteamérica.

Cuando la monarquía castellana se refería a sus territorios de conquista en ultramar utilizaba el término "Indias" o "Reino de Indias" en singular, y más adelante se popularizó el plural

5 François-Xavier Guerra, *México: del antiguo régimen a la revolución.* México, Fondo de Cultura Económica, 1988, p.63.

"Reinos de las Indias". Cuando se escribieron las primeras historias de estos territorios, sus autores incluían el nombre de un "reino" específico. Pensamos por ejemplo en la *Historia del Reino de Quito en la América meridional* de Juan de Velasco, en la *Historia general del reino de Chile, Flandes indiano*, de Diego de Rosales, en la *Historia del Nuevo Reino de Granada* de Juan de Castellanos, en la *Historia general de las conquistas del Nuevo Reino de Granada* de Lucas Fernández de Piedrahita o en la *Historia natural del reino de Guatemala* de Francisco Jiménez. Por ninguna parte se hacía referencia a colonia alguna.

El quechua noble, don Felipe Guamán Poma de Ayala insertó en su famosa *Coronica o buen gobierno* (1600-1615), un mapamundi del Reino de las Indias (1615), refiriéndose al Reino de las Indias del Perú con sus ciudades y villas, perteneciente al dilatado "Reino de Indias" (América, Asia y Oceanía) dentro del universal "Reino de España e Indias". El veía a las Indias como reino unitario con España y no como algo ajeno al territorio de origen, que sería la colonia.

Mapamundi del Reino de las Indias de Guaman Poma de Ayala

En la documentación de los primeros años de la relación entre Castilla y América no era muy clara la naturaleza plural o singular de 'Indias'. En 1501 se hablaba de una orden para pasar a Indias. Más específico es el título de obispo de las Indias en un documento de 1532. Aunque el Consejo de Indias parece aludir a una unidad, ya en 1681 quedó explícita la pluralidad de los reinos en la *Recopilación de leyes de los Reinos de las Indias.*

Por una Real Cédula de 1519, Carlos V anexó sus nuevos territorios de América al Reino de Castilla, como parte de una misma comunidad política –no en condición de desigualdad ni subalternidad-, como reinos de la Corona de Castilla. Es cierto que no eran reinos autónomos, dependían en todos los órdenes de Castilla, pero esto no los convertía en colonias ni a Castilla en una Metrópoli. Leamos un apartado de esta anexión:

> Y porque es nuestra voluntad y lo hemos prometido y jurado que siempre permanezcan unidas (las Indias) para su mayor perpetuidad y firmeza, prohibimos la enajenación de ellas. Y mandamos que en ningún tiempo puedan ser separadas de nuestra real corona de Castilla, desunidas ni divididas en todo o en parte ni a favor de ninguna persona. *Y considerando la fidelidad de nuestros vasallos y los trabajos que los descubridores y pobladores pasaron en su descubrimiento y población, para que tengan certeza y confianza de que siempre estarán y permanecerán unidas a nuestra real corona*, prometemos y damos nuestra fe y palabra real por Nos y los reyes nuestros sucesores de que para siempre jamás no serán enajenadas ni apartadas en todo o en parte, ni sus ciudades ni poblaciones, por ninguna causa o razón o en favor de ninguna persona; y si Nos o nuestros sucesores hiciéramos alguna donación o enajenación contra lo susodicho, sea nula, y por tal la declaramos.[6]

La denominación de colonias a estos territorios ocurrió muy tardíamente y fue usada por primera vez por los reformistas borbónicos en el siglo XVIII y para quejarse justamente de que los territorios americanos no habían llegado a fungir en el plano comercial y económico, como verdaderas colonias. José Moñino y Pedro Rodríguez de Campomanes en su *Plan para el gobierno de América* (1768) se refirieron al verdadero papel que debían tener las "colonias" en el ámbito económico, pero paralelamente, en su

---

6 Puede consultarse en
http://memoriapoliticademexico.org/Textos/1Independencia/1519RUI.html

idea de la creación de un cuerpo unido de nación –algo completamente asombroso- proponían una mayor integración de los "reinos" y una concesión política en extremo novedosa: aconsejaban admitir en la Corte y por turnos, un diputado por cada uno de los tres virreinatos y otro por las Filipinas elegidos entre las ciudades principales,

> El cual asistiese en la Corte por un sexenio en forma que los *diputados del reino* haciendo Su Majestad a los *de Indias una gracia igual* a la que acaba de hacer a Cataluña y Mallorca, incorporándose estos cuatro diputados de los reinos de Indias con los de Castilla, Aragón y Cataluña para *conferir y representar humildemente lo que conviniese a la utilidad pública de aquellos dominios* [...] formando de este modo un cuerpo unido de nación.[7]

Parece que entre algunos importantes e influyentes funcionarios existió la intención de integrar los territorios americanos a un solo reino, el de España y plantear condiciones para una mayor representación política en la península. Curiosa intensión que no avala la hipótesis del colonialismo.

En la relación política que los habitantes de la América española mantuvieron con su Rey y con los altos tribunales y autoridades peninsulares, existía una relación de subordinación, pero era de la misma naturaleza que la que tenían otros reinos ibéricos con respecto al reino dominante, el de Castilla. Esta relación de subordinación no nacía exclusivamente de una situación moderna de tipo colonial sino de la concepción antigua de sociedades jerárquicamente diferenciadas. Al respecto, Annick Lempérière se preguntaba hace unos años, por qué los territorios que España gobernó dentro de Europa (i.e., en Milán, Nápoles y Flandes) no fueron llamados igualmente, colonias. Una pregunta certera y esclarecedora.

---

7 Documento comentado en Feliciano Barrios (coord.), *Derecho y administración pública en las Indias Hispánicas*, vol.II. Cuenca, Castilla la Mancha, 2002, p.1135.

Antonio Annino, ha señalado también, que "la 'gobernabilidad' de las grandes monarquías no dependió de la capacidad de 'administrar' los reinos *por encima* de los súbditos. Mucho más crucial fue siempre el consenso y la fidelidad dinástica de los pueblos sujetos, asegurados precisamente por la distribución y la reproducción de los 'privilegios'".[8] Esos privilegios del antiguo régimen se basaban en un principio de reconocimiento mutuo sustentado en la relación interés-fidelidad, en donde no encajaría muy bien el concepto decimonónico de poder colonial.

El problema grave de la utilización de este concepto es que tiende a desfigurar la realidad. La 'colonialidad' desemboca en un esquema de subordinación, marginalidad o subalternidad que no es siempre adecuado para explicar el antiguo régimen y en particular su lógica política. Esto no quiere decir que ese tipo de sociedades no estuvieran fundadas en una desigualdad lacerante, que si lo estaban, pero no era una desigualdad basada en la raza, la clase o el género, necesariamente. El indio por ejemplo, no era un 'sujeto colonial' sino un vasallo asimilable a un campesino europeo. Su condición de avasallamiento, como lo dice su mismo nombre, no es producto de una relación de tipo colonial sino de su condición de vencido en un proceso de conquista, heredero de los tiempos medievales. Y si los indios se hubieran convertido simplemente en sujetos 'coloniales' no se explicarían los *privilegios* que a diversos pueblos y a la élite indígena se distribuyeron desde el periodo de la conquista hasta el siglo XVIII.

El problema de usar el concepto de "colonia" es que este ha cobrado históricamente una significación única y distorsionante, "la de un territorio *extranjero* sometido a una dominación política casi exclusivamente dirigida hacia la *explotación económica*, llevada a cabo por los capitalistas metropolitanos en provecho de la potencia económica y militar del Estado-nación".[9]

---

8 Antonio Annino, "Presentación" en Beatriz Rojas (coord.), *Cuerpo político y pluralidad de derechos. Los privilegios de las corporaciones novohispanas*. México, DF, CIDE, 2007, p.10.
9 Annick Lempérière, "La 'cuestión colonial'", *Nuevo Mundo Mundos Nuevos* [En línea], Debates, Puesto en línea el 08 febrero 2005, consultado el 22 febrero de

Un imperio "colonial" no es entonces lo mismo que una monarquía:

> "El derecho natural fue el que proporcionó el ordenamiento jurídico, político y moral que transformó la conquista y los establecimientos españoles de ultramar, fundados en lo económico sobre el trabajo indígena y en lo religioso sobre la destrucción de las religiones autóctonas y la evangelización, en una estructura política imperial *integradora* de territorios y pueblos muy diversos entre sí: en una Monarquía".[10]

A su tiempo, la Corona nunca aclaró los verdaderos privilegios de sus nuevos reinos indianos, pero juristas muy cercanos a la Corona, de la talla de Juan de Solórzano y Pereira, llegaron a defender el derecho al autogobierno "sobre la base de uno de los principios esenciales de la monarquía católica, según el cual los *reinos* tenían que ser gobernados como si el rey fuera solamente el *rey de cada uno de ellos*".[11] Y aquí tenemos una confirmación de la pluralidad de 'los reinos' de las Indias, las cuales no eran una 'colonia' y mucho menos un conjunto de 'colonias'. El imaginario del reino y las formas de pertenencia al mismo se estructuraron sobre un lenguaje teológico-jurídico que resultó eficaz para llenar el vacío impuesto por la falta de reconocimiento de la Corona y capaz de conservar una fuerte autonomía hasta 1808.[12]

Aquí vale la pena retomar la importante reflexión que en un seminario hiciera Annick Lempérière:

> "Se olvida que los *conceptos y categorías* no son *esencias y substancias eternamente iguales a sí mismas*, sino que tienen una historia, cargan una memoria y ostentan unos significados tan distintos como las formaciones sociales en las cuales nacieron y

---

2013. URL: http://nuevomundo.revues.org/437; DOI: 10.4000/nuevomundo.437
10 Ibídem.
11 Antonio Annino, "1808: el ocaso del patriotismo criollo en México" en *Programa Buenos Aires de Historia Política del siglo XX*, http://historiapolitica.com/datos/biblioteca/annino1.pdf consultado el 1 de junio de 2011, p.5.
12 Ibíd., *Op.cit.*, p.6.

se siguen empleando. Según las épocas, las sociedades y los grupos socio-culturales, las voces y los conceptos cobran sentidos sumamente diferenciados, sentidos que a su vez pueden llegar a implicar, como en el caso de la palabra "colonia" y sus derivados, valores y valoraciones altamente polémicas, cargadas de afectividad, de ideología, de pasiones y del recuerdo de experiencias militantes o vitales. De colonia a colonial, se pasó, en el siglo XIX, a "colonialismo", con lo cual "la cuestión colonial" entró de plano en el campo de la ideología y de la política".[13]

Imagen de Santafé de Bogotá en el Nuevo Reino de Granada en *Coronica y Buen Gobierno* de Guaman Poma de Ayala.

En el territorio hispanoamericano se nombraban a sí mismos, como reinos, los territorios de Nueva España[14], Nueva Galicia, Nuevo Reino de León, Guatemala, Tierra Firme, Nueva Granada,[15]

---

13 Annick Lempérière, *op.cit.*
14 El reino novohispano era sólo una pequeña fracción del virreinato, asimilable a grandes rasgos al territorio de la Audiencia de México, mientras que el virreinato se extendía desde el sur de los Estados Unidos actuales hasta Panamá, incluyendo a Cuba y las isla Filipinas y hasta el siglo XVIII a la capitanía general de Venezuela que después se integró al virreinato de la Nueva Granada.
15 Era también más pequeño que el virreinato nacido en el siglo XVIII y correspondía aproximadamente, al territorio de la Audiencia de Santafé de Bogotá.

Quito y Chile. Otros territorios no incluidos aquí se consideraban provincias. Nunca, colonias. Ese fue en esencia, el término despectivo que los historiadores decimonónicos utilizaron para justificar su ruptura política con España y para tergiversar su posición de descendientes de conquistadores-colonizadores - siempre reivindicada durante los 3 siglos virreinales- a víctimas de la 'colonización', colonizados.[16]

Desde la próxima sección, el lector encontrará las entradas que mes con mes nutrieron a 'Los Reinos de las Indias en el Nuevo Mundo' a lo largo de los años 2011 y 2012. Esperamos que las disfruten y que sigan generando discusiones y comentarios.

4. Escrituras Criminalizadas (I)
enero 28, 2011

Pequeño tratado del Dr. Infante, 1500

A partir de hoy les haré entrega de unas notas relacionadas con la escritura de pasquines en la época moderna (siglos XVI al XVIII). Esta práctica era bastante difundida, pero las incisivas y transgresoras palabras que contenían la hacían sujeto permanente de censura. En el recorrido, haremos un viaje por

---

16 Esta reflexión se basa en el texto de Lempérière citado atrás.

Europa y América, visualizando a los autores de pasquines, pero sobre todo, a los historiadores que se han ocupado de este fenómeno.

La escritura de pasquines es un fenómeno histórico muy antiguo y la práctica se conserva en la actualidad con nuevos significados. Hoy, resulta de particular importancia para entender el significado de la cultura política tradicional. Este género de cultura política era una expresión de la vida política "que existía en el sistema monárquico de matriz pactista del territorio ibérico, es decir, la España peninsular y la España americana en el espacio Atlántico de los siglos XVI al XVIII. Esta cultura política tan difícil de adjetivar, la cultura política del antiguo régimen, era una cultura del reclamo y de la protesta impregnada por un valor fundamental, el bien común, objetivo central del buen gobierno y esencia de la justicia".[17]

"El acceso a la justicia era la aspiración que los vasallos tenían de sus gobernantes y la razón por la que las prácticas en torno a la política estaban fundamentalmente basadas en el respeto al "pacto", ese elemento que articulaba la relación señor-vasallos y que impulsaba al reclamo cuando el equilibrio entre la autoridad de los gobernantes y la obediencia de los vasallos -sustento del pacto- se alteraba."[18] Esta perspectiva difiere de las orientaciones que una vez expresaron los cientistas políticos Gabriel Almond y Sidney Verba, en tanto asumían que en las culturas políticas tradicionales o parroquiales y en las subordinadas, los súbditos no estaban enterados del sistema político ni tenían interés o posibilidad de participar en él.[19]

En este contexto, el libelo o pasquín resulta ser una clara expresión de esa cultura política tradicional del reclamo. En

---

17 Natalia Silva Prada, "Cultura política tradicional y opinión crítica: los rumores y pasquines iberoamericanos de los siglos XVI al XVIII" en Riccardo Forte and Natalia Silva (eds.), *Tradición y modernidad en la historia de la cultura política (siglos XVI-XX)*. México DF, UAM-Juan Pablos, 2009, p.90.
18 Ibídem.
19 Ibídem

particular, al libelo prohibido se le conoce como pasquín o 'libelo famoso', porque con el adjetivo de 'famoso' se distinguía de aquel escrito corto, el libelo a secas o pequeño tratado. El 'libelo famoso' era aquel en el cual se difamaba a alguien, o en la terminología de la época, aquel con el cual se "deshonraban famas".

Los libelos famosos o pasquines son una forma de literatura criminalizada aún no estudiada sistemáticamente en su contexto de producción para el periodo virreinal iberoamericano.

Con el nombre italiano de *Pasquino* [se pronuncia Paskwi'no], es conocida la 'statua parlante' (estatua que habla) sobre la que se fijaban las injurias. Esta estatua ha sido históricamente, el símbolo de la práctica trasgresora por la cual, durante el periodo renacentista, en Roma y en otras ciudades italianas, la gente expresó diversas ideas contestatarias al poder y es por supuesto, el origen del término "pasquín".

El Papa Pío V, uno de los Papas más represivos del siglo XVI se eternizó en esta "pasquinada": "Como si fuese invierno/quema cristianos Pío/como si fuera leña/para acostumbrarse al fuego del infierno".[20]

Otras pasquinadas famosas son las de Francia. En ciudades como Tours, París y Orleáns e incluso en las puertas del dormitorio del rey francés Francisco I (1494-1547),[21] fueron fijados los "Artículos verdaderos acerca de las horribles, grandes e insoportables abusos de la misa papal, inventada directamente contra la Santa Cena de nuestro Señor, único mediador y único Salvador Jesucristo" (1534). Este libelo estaba relacionado con el comienzo de las guerras de religión (1540-1598).

---

20 Scarpatti, Mauro. "Pasquino the Talking Statue". Sitio virtual: www.nerone.cc/newslett/pasquino.html. La traducción del italiano al español es mía.
21 Uno de los monarcas más importantes del siglo XVI, Francisco de Valois y Angulema fue rival de Carlos V con quien disputó posesiones italianas. Durante su reinado comenzaron las manifestaciones de intolerancia contra los protestantes franceses.

Otras 'guerras de tinta y papel' famosas -como las llama el historiador español Antonio Castillo-, fueron las *mazarinades* contra el cardenal Jules Mazzarino en la Francia de la Fronda, las filípicas contra Felipe II, los aludes de pasquines en la revuelta aragonesa de 1591, las pasquinadas contra Robert Cecil, ministro de Isabel I y Jaime I de Inglaterra después de su muerte en 1612, las nubes de papeles contra los gobiernos de Carlos II o Carlos IV de España y las guerras de pasquines hispanoamericanos entre 1766 y 1795.

Robert Darnton en su estudio sobre el negocio de un librero provinciano y clandestino de la Francia del siglo XVIII, aporta un dato de gran interés cuando comenta que el material más vendido en la época fue el de los libelos políticos, no el de los tratados ilustrados. Libelos escandalosos que comunicaban noticias y servían de propaganda radical. La monarquía había degenerado y aunque no eran profundos, preparaban el terreno hacia la desacralización de una institución secular.[22]

Los pasquines o libelos eran parte del género literario anónimo y su 'publicación' -término que significa poner a la vista del 'público'- era una de las prácticas teóricamente más censurada, perseguida y castigada en el ámbito administrativo político-eclesiástico e inquisitorial.

Pero, ¿Por qué esta práctica era perseguida y censurada, y en últimas, por qué era criminalizada? Porque en estas escrituras estaban implícitos delitos muy graves como los de la injuria, la blasfemia y la rebeldía, además de la apropiación ilícita del espacio público en el que se difundían.[23] Eran escrituras que iban en contra de la cristiana razón de Estado: el bien común. Para algunos pensadores, el crimen de infamar vía pasquines-libelos o

---

22 Darnton, Robert. *Edición y subversión. Literatura clandestina en el Antiguo Régimen*. Madrid, Turner-Fondo de Cultura Económica para América Latina, 2003, p.165.
23 Castillo Gómez, Antonio. "Delinquir escribiendo: Escrituras infamantes y represión inquisitorial en los siglos de oro" en Casado Arboniés, Manuel, et al (eds.). *Escrituras silenciadas en la época de Cervantes*. Alcalá de Henares, Servicio de Publicaciones, 2006, p.284.

graffiti podía ser incluso peor que el robo y muy cercano al homicidio.

La gente que escribía libelos era para el teólogo dominico, Tomás de Mercado (1530-1576), la que se olvidaba de Dios y de sí misma, dañosa para todos, "una landre y pestilencia en la república, destruidora de toda la vida política".[24] El ser esta gente cruel con la república le merecía –según opinión de Mercado- la muerte real o cuando menos, la muerte civil, la infamia pública.

Pese al control, menos efectivo de lo que se cree, el uso de estos escritos infamatorios era bastante común en la época moderna y su recuperación podría aportar importantes conocimientos sobre el disenso político.

En la historiografía europea, el conocimiento de la dinámica en la que estaba inserto el pasquín ha avanzado notablemente desde hace ya más de dos décadas, e incluso existen trabajos pioneros de principios del siglo XX. Son relevantes las investigaciones referidas al área mediterránea sobre escrituras anónimas y/o pasquinescas de Edoardo Grendi,[25] Andreas Würgler y Cecilia Nubbola,[26] Antonio Marzo,[27] Chiara Lastraioli, Carlo Ginzburg,[28] Robert Darnton,[29] Vivian Gruder,[30] Lynn Hunt,[31] Jeffry Merrick,[32]

---

24 Mercado, Tomás de, *Suma de Tratos y Contratos*, cap.X. Biblioteca Virtual Miguel de Cervantes.
25 Grendi, Edoardo. *Lettere orbe: anonimato e poteri nel seicento genovese*, Roma, Salerno, 1989.
26 Nubola, Cecilia y Andreas Würgler, *Suppliche e gravamina: politica, amministrazione, giustizia in Europa: (secc.XIV-XVIII)*. Bologna, Il Mulino, 2002.
27 Marzo, Antonio (ed.). *Pasquino e dintorni: testi pasquineschi del Cinquecento*. Roma, Salerno editrice, 1990.
28 Ginzburg, Carlo, "El palomar ha abierto los ojos. Conspiración popular en la Italia del siglo XVII" en Carlo Ginzburg, *Tentativas*, Rosario, Prohistoria, 2004, p.45-55.
29 Ibíd, *Op.cit.*
30 Gruder R., Vivian. "Whiter Revisionism? Political Pespectives on the Ancien Regime", *French Historical Studies*, 20:2 (Spring, 1997), p.245-285.
12 Hunt, Lynn, *The invention of pornography: obscenity and the origins of modernity, 1500-1800*. New York : Zone Books ; Cambridge, Mass., Distributed by MIT Press, 1996.
32 Merrick, Jeffrey, "The Cardinal and the Queen: Sexual and Political Disorders

Carlos Gómez-Centurión,[33] Fernando Álvarez Bouza,[34] Paloma Bravo[35] y Antonio Castillo Gómez,[36] -entre muchos otros- así como las británicas, entre las cuales podemos señalar las de Edward Thompson,[37] Thomas Cogswell,[38] Richard Cust,[39] Pauline Croft,[40] Alastair Bellany,[41] Andrew Gordon[42] y Jeremy Webster[43]

---

in the Mazarinades", *French Historical Studies*, v.18, n.3, (spring, 1994), p.667-699.

33 Gómez-Centurión Jiménez, Carlos. "La sátira política durante el reinado de Carlos II", *Cuadernos de historia moderna y contemporánea*, 4 (1983), p.11-34.

34 Álvarez Bouza, Fernando. *Corre manuscrito. Una historia cultural del siglo de Oro*. Madrid, Marcial Pons, 2001.

35 Bravo, Paloma, "El pasquín: condiciones de escritura, difusión y recepción en la revuelta aragonesa de 1591" en Pedro Cátedra *et al.* (dirs.), *El escrito en el siglo de Oro. Prácticas y representaciones*, Salamanca, Universidad de Salamanca, Publications de la Sorbonne, Sociedad Española de Historia del Libro, 1998, p.33-42.

36 Sus publicaciones sobre esta temática son numerosas. Citamos solo algunas de ellas: Castillo Gómez, Antonio, " 'Amanecieron en todas las partes públicas'... Un viaje al país de las denuncias" en Antonio Castillo Gómez (comp.), *Escribir y leer en el siglo de Cervantes* (Simposio Internacional), Barcelona, Gedisa, 1999, p. 143-191; "Delinquir escribiendo: Escrituras infamantes y represión inquisitorial en los siglos de oro". Casado Arboniés, Manuel, et al (eds.). *Escrituras silenciadas en la época de Cervantes*. Alcalá de Henares, Servicio de Publicaciones, 2006, p.283-296; "Escrituras públicas y escrituras privadas en la España del Siglo de Oro", www.oslo2000.uio.no (ponencia presentada en la sesión de temas especializados 10, Roger Chartier (org.), "The Social Practices of Writing and Reading from Antiquity to the Present").

37 Thompson, Edward P., "The Crime of Anonimity" en Douglas Hay et al., *Albion's Fatal Tree: Crime and Society in Eighteenth-Century England*, New York, Pantheon Books, 1975 reeditado en Thompson, E.P., The Essencial, Dorothy Thompson (comp.), New York, New Press, 2001, p.378-431.

38 Cogswell, Thomas, "Underground verse and the transformation of Early Stuart Political Culture" en Amussen, Susan D. and Mark Kishlansky (eds.), *Political Culture and Cultural Politics in early modern England: Essays presented to David Underdown*. Manchester y New York, Manchester University Press, 1995, p.277-300.

39 Cust, Richard, "New and Politics in Early Seventeenth-Century England" en *Past and Present,* 112 (1986), p.60-90.

40 Croft, Pauline, "The Reputation of Robert Cecil: Libels, Political Opinions and Popular Awareness in the Early Seventeenth Century" en *Transactions of the Royal Historical Society*, 6th series, 1, (1993), p.43-70.

41 Bellany, Alastair. "Raylinge Rymes and Vaunting verse": Libellous Politics in Early Stuart England, 1603-1628" in K.Sharpe and P.Lake (eds.), *Culture and Politics in Early Stuart England*, Stanford, University Press, 1994, p.285-310.

42 Gordon, Andrew. "The Act of Libel: Conscripting Civic Space in Early Modern

referidas sobre todo, al uso de pasquines y *graffiti* en el periodo Estuardo, el *Interregnum* y las guerras civiles del siglo XVII y a los escritos anónimos aparecidos en diversas gacetas durante el siglo XVIII.

Sobre estos avances historiográficos hablaremos en una próxima entrega.

6 comentarios a Escrituras Criminalizadas (I)

1. Anonymous el 13/03/2011 a las 6:47 PM

Hola, ¿Podrías darme la bibliografía de tu libro, o de algún otro para tener mayor información de los libelos o pasquines?

2. Natalia Silva el 14/03/2011 a las 1:44 PM

En la cuarta entrega de escrituras criminalizadas puedes consultar la bibliografía respectiva. Allí incluyo mis publicaciones específicas sobre esta temática.

3. Anonymous el 03/03/2011 a las 5:02 AM

¿Hay alguna forma de relacionar los pasquines con el humorismo? Me ha tocado observar que algunos chistes y crítica -ya sea a la nobleza, los problemas sociales, la religión y otras- es aplicado en la comedia teatral. El teatro funge como un espacio donde se difunde la crítica y la inconformidad en otros sectores de la sociedad no tan educados. ¿Es adecuado ese planteamiento de que inclusive el teatro sería un medio muy bueno para hacer sutil la crítica y escapar de la censura?

4. Natalia Silva el 04/03/2011 a las 3:01 PM

England" en *Journal o f Medieval and Early Modern Studies*, (spring 2002), p.375-397.
43 Webster, Jeremy. "The 'Lustful Buggering Jew': Anti-semitism, Gender and Sodomy in Restoration Political Satire", *Journal for Early Modern Cultural Studies*. 6.1 (2006), p.106-124, *Performing Libertinism in Charles II's Court:Politics, Drama, Sexuality*. New York, Palgrave Macmillan, 2005.

Sí. Existe un estrecho vínculo entre los pasquines y el humorismo. Aunque más apropiado sería pensar en la relación pasquín-sátira. La sátira se considera como uno de los tropos más sofisticados del lenguaje, porque implica de hecho comunicar de forma no explícita y provocar una sonrisa. Decir sin querer decir. En cuanto al teatro, sus observaciones son correctas. Es otro espacio apto para escapar de la censura. Puedo recomendarle dos lecturas sobre estos interesantes temas propuestos: "Shakespeare and the Spaces of Publicity de Paul Yachnin" (en el libro de James Amelang y Antonio Castillo Gómez, *Historia de la comunicación urbana en el mundo moderno*", 2010); "La ironía en la historia: un documento del siglo XVII cartagenero expuesto al análisis textual". *Anuario de Historia Regional y de las Fronteras, Universidad Industrial de Santander*, VII (2002), pp. 321-354 de Natalia Silva (ya se puede consultar la revista en red). Recuerdo unas escenas en la película *Indochina* en la que el teatro fungía como espacio de comunicación política en los años 50.

> 5. Cecilia Noriega el 30/01/2011 a las 4:59 PM

Tengo una pregunta: ¿Quiénes son los escritores de pasquines en Hispanoamérica virreinal, cuál es su grupo social de adscripción? ¿Es posible ubicarlos o todos son anónimos?

> 6. Natalia Silva el 30/01/2011 a las 8:10 PM

Cecilia, muy buenas tus preguntas. En el libro *Historia de la comunicación urbana en el mundo moderno* encontrarás muchas respuestas. Por lo que a mis investigaciones respecta, he encontrado pasquinistas profesionales, es decir, que se dedicaban por oficio, otros amateurs, solo en ocasión de una venganza, por ejemplo, o también, muchos políticos y religiosos. Y la perla: Inquisidores: ¡Los mismos que los censuraban! ¿Interesante, no?

5. Escrituras Criminalizadas (II)
Febrero 3, 2011

Hoy proseguimos con la segunda parte de la historiografía relativa a los pasquines. En esta sección les dejo un primer análisis de los historiadores europeos que han trabajado sobre esta temática.

A comienzos del siglo XXI, el panorama historiográfico se ha modificado considerablemente. Los estudios existentes reconocen la importancia de estas escrituras como termómetros del acontecer sociopolítico, transitando incluso de ser únicamente "válvulas de escape", para convertirse en instrumentos de la formación de auténticos 'estados de opinión'. Eran decisivos en el momento de algunas revueltas populares o acciones colectivas. En el siglo XIX y hasta mediados del siglo XX, se afirmaba sin lugar a dudas que, "el pasquín era la válvula de que disponía el pueblo para desfogar vapor".[44] También se le consideraba, obra de "hombres oprimidos", "de esclavos que no pueden expresar sus sentimientos, sino en la oscuridad y de un modo clandestino".[45]

Pese a los avances teóricos y metodológicos en este campo de estudio, se señala con pesar que, los libelos todavía no se miran con el mismo respeto que otros documentos depositados en los acervos de la memoria, mucho más si dichas prácticas se ejecutaron a mano, sobre papeles o muros. En Hispanoamérica tenemos aún una importante labor por cubrir. Deben estudiarse tanto las prácticas alrededor de la escritura como las prácticas de resistencia al poder. Así mismo, la expresión popular de ideas, ya que "el pasquín pretende articular un estado de opinión",[46] haciendo explícito y visible el mensaje que se quiere transmitir.

Un caso del uso de libelos en los procesos de formación de opinión es estudiado por Paloma Bravo. En su texto, el pasquín es mostrado como parte de la reacción ante una problemática: la del caso de Antonio Pérez, antiguo secretario de Estado, huido del reino de Castilla y acogido por el de Aragón. En esta situación de fines del siglo XVI, el pasquín funcionó como medio para arengar a los aragoneses, pero también de allí emergió la defensa de los

---

44 Palma, Ricardo, *Tradiciones peruanas. El demonio de los Andes.* Versión electrónica.
45 Opinión de José Fruto Pérez, hijo del nicaragüense, don Pedro Chamorro Argüello. "Fruto Chamorro: padre de la república", *La prensa. El diario de los nicaragüenses.* Martes 20 de abril de 2004. Versión electrónica.
46 Castillo Gómez, Antonio, "'Amanecieron en todas las partes públicas'... Un viaje al país de las denuncias" en Antonio Castillo Gómez (comp.), *Escribir y leer en el siglo de Cervantes* (Simposio Internacional), Barcelona, Gedisa, 1999, p.148.

fueros del reino de Aragón, en donde de paso se criticaba, a los señores letrados complacientes con los castellanos y con la Inquisición. Esta línea analítica está presente en algunas observaciones de Diego Navarro Bonilla. El autor expone que los papeles disidentes eran instrumentos informativos usados contra las estructuras de poder (campañas libelísticas o propagandísticas) y a los que se acudía antes de forzar una situación social determinada, del tipo de las rebeliones.[47]

Para el siglo XVIII, existe en España un estudio con una perspectiva similar, en el que se revalora al pasquín como instrumento para anunciar, arengar y dar instrucciones en una situación tumultuaria. Se trata del estudio de Carlos Corona, el cual antecede casi una década a los de Bravo, Castillo Gómez y Navarro Bonilla. En 1983, Corona realizó un novedoso análisis de la conocida rebelión de las capas y de los sombreros contra Esquilache (1766). Mostraba allí, cómo las asonadas y los motines fueron no sólo precedidos, sino estimulados por los pasquines. El rey era muy consciente de esto cuando escribía que, esa "cizaña" no dimanaba del pueblo de Madrid, sino de unos cuantos que esparcían varias especies en que se hacía odioso el gobierno, incluso en los dominios de las Indias (recayendo la sospecha de autoría sobre los jesuitas). Así como lo señalaba Corona Baratech para el motín de Esquilache,[48] están muy mal estudiados los motines y pasquines de 1766 en Hispanoamérica tras la expulsión de la Compañía de Jesús. Más aún, los pasquines vinculados a las rebeliones de 1780-1781 y a las de 1794-1795. Las ciudades por su parte, representan el espacio idóneo para la comunicación y difusión de la crítica y del desacuerdo.

Otro aspecto vinculado a la difusión de opiniones a través de los pasquines y al intento de formar opinión entre el público es

---

47 Navarro Bonilla, Diego. "Por y contra la escritura: las causas judiciales de la cultura escrita". Casado Arboniés, Manuel, et al (eds.). *Escrituras silenciadas en la época de Cervantes.* Alcalá de Henares, Servicio de Publicaciones, 2006.
48 Corona Baratech, Carlos E. "Los motines en la Gobernación de Alicante en abril de 1766", *Anales de literatura española,* n.2 (1983). Versión Biblioteca Virtual Miguel de Cervantes.

estudiado por aquellos historiadores que enfrentaron el fenómeno desde la denuncia de la corrupción y del vínculo entre política y moral pública y privada. Para Robert Darnton, la literatura panfletaria escrita por personajes anónimos o de bajo reconocimiento (Darnton los asociaba al 'pobre diablo' de Voltaire) pudo tener más impacto en la opinión pública y por ende, mayor difusión. Darnton vinculaba inmoralidad sexual con corrupción de los personajes públicos. Decía que la crítica conjunta de vida sexual (inmoral) con vida política inmoral (corrupción) tenía que ver con la sensibilidad del periodo, en donde la decadencia en las costumbres llegó a ser un elemento del orden público. El escándalo implícito en el libelo es el punto que conecta lo privado con lo público, haciendo del ataque al personaje eminente, un ataque a todo el régimen. En su obra más reciente, *The Devil in the Holy Water, or the Art of Slander from Louis XIV to Napoleon*, Darnton profundiza aún más en estos aspectos. El acto de escribir libelos era peligroso, más aún si se atacaba a personas de cierto rango.[49] Por la ofensa a un 'grande', un libelista arriesgaba severos castigos y podía no recibir protección legal en las Cortes. En el capítulo 'Sexo y política' enfatiza el hecho de la estrecha interrelación entre la vida pública y la vida privada y la forma en la que los libelos podían hacer más evidente este vínculo. Eran parte de una cultura subterránea que exponía la vida privada de los reyes ante sus vasallos, o que 'extraía' los asuntos de la Corte a la vista pública.[50] Entre los más famosos ejemplares de estos libelos se encuentra una novela aparecida durante el gobierno de Luis XIV y titulada *Historia amorosa de Gaules* o también *Historia amorosa de Francia* escrita por Roger de Rabutin, conde de Bussy. Se difundió 'gracias' a las copias que del mismo hizo una amiga suya alrededor de 1665 y fue reimpresa al menos once veces hasta 1700. En versos escatológicos conocidos como 'aleluyas', se insultaba al rey y a los miembros de la familia real. Otros trabajos subsiguientes del conde contenían cuentos eróticos, muchos de ellos vulgares y obscenos.[51] En obras sucesivas, no solo de autoría del conde de

---

49 Darnton, Robert, *The devil in the holy water or the art of slander from Louis XIV to Napoleon*. Philadelphia, University of Pennsylvania Press, 2010, p.259.
50 Ibíd, *Op.cit.*, p.362.

Bussy, se mostró al rey reducido a la impotencia, como amante y como gobernante; o mostraba los desórdenes de la Corte, con la sodomía y la misoginia como principales temas. A pesar del enfoque en las intrigas sexuales, estos textos transmitían un mensaje político: La incapacidad de Luis para controlar su Corte se correspondía con su fracaso de gobernar a Francia y de darle una posición de poder en Europa.[52] Por otra parte, la corte era un 'microcosmos del reino'[53] y revelaba mucho más que las enfermedades morales palaciegas.

Cortesano escribiendo un pasquín

Las opiniones de Darnton sobre la Francia del siglo XVIII, tienen muchas coincidencias con la Inglaterra del siglo XVII. Un texto relativo a esta temática es el de Jeremy Webster, publicado en la primavera de 2006 y citado en la anterior entrada. El vínculo entre sexualidad y política tiene que ver para el autor con momentos de intensa inestabilidad, donde el personaje atacado fungía como intermediario de una denuncia más generalizada. En sus textos se estudian las representaciones sobre la sodomía y la relación que se establecía con los judíos. En la historiografía francesa este tema ha sido recurrente y parece haber precedido a los estudios sobre otros lugares europeos. Vivian Gruder da buena cuenta del volumen de la historiografía francesa,

---

51 Ibíd, *Op.cit.*, p.361.
52 Ibíd, *Op.cit.*, p.365.
53 Ibíd, *Op.cit.*, p.366.

concediendo especial atención a los panfletos vinculados con la pornografía. Un importante trabajo en esta línea es el de Jeffrey Merrick, quien además de proporcionar importantes referencias bibliográficas, estableció una relación estrecha entre la afrenta moral y la vida política. Estudió el fenómeno específico de las mazarinadas, ocasionadas por la negativa imagen del ministro italiano Mazarino en la corte francesa de Luis XVI (en su minoría de edad) durante la Fronda. Para el autor, los panfletos ilustran bien los usos políticos de la difamación sexual en la Francia de la modernidad temprana. Muchos han precedido a Merryck en el estudio de las mazarinadas, y él como Gruder citan numerosos textos, entre los que destacan por ejemplo, los trabajos de Marie-Noëlle Grand-Mesnil y los de Christian Jouhaud. También las investigaciones de Alastair Bellany acusan las malas conductas, las posturas religiosas, la corrupción fiscal y las transgresiones sexuales.

Puede decirse que desde sus comienzos, la historiografía sociocultural que se había dedicado a rastrear a la injuria y al insulto, había acertado a establecer el vínculo entre injuria y política que han hecho explícitos los historiadores más recientes del fenómeno. Peter Burke fue de los primeros historiadores en explorar este tipo de literatura. Desde fines de la década de 1970, él detectó y mostró una gran multitud de panfletos circulantes por Europa, los cuales llegaron a asemejar una "riada". Uno de los casos más representativos fue el de la publicación de unas 5000 mazarinadas.[54] En un estudio particular sobre el insulto y la blasfemia en la Italia moderna, el mismo Burke estudia las formas específicas del lenguaje insultante y sus códigos: obsceno, sexual, animal. Burke constató la existencia del insulto contra las autoridades, el cual en Roma, específicamente, se institucionalizó con el uso dado a la estatua de *Pasquino*. Por su parte, Fernando Álvarez Bouza acertó a definir el fenómeno estudiado por Burke como "una cuidada pedagogía de la afrenta". Decía Álvarez Bouza, "sin duda, ser autor en el siglo de oro exigía estar preparado para ofender".[55] Este fenómeno lo relacionaba con la cotidiana

---

54 Sobre este tema trata en su libro *La cultura popular en la Europa moderna*, del que existen numerosas ediciones.

violencia en la que vivían los europeos de la edad moderna, la cual hizo de la infamia como del honor, algo consustancial a la propia existencia comunitaria. Citaba la excelente investigación de Rita Marquilhas,[56] quien analizó los distintos usos de la escritura en el Portugal del siglo XVII, entre los cuales se encontraban los libelos infamantes y los escritos de orientación mágica, entre otros. En el contexto del vituperio, Álvarez Bouza ubicaba al libelo famoso, sin embargo, este autor no profundizó mayormente en la dimensión política de los mismos, aunque hizo mención a los libelos contra el rey.

1 comentario a Escrituras Criminalizadas (II)

1. Krito el 04/02/2011 a las 2:19 AM

Buen blog ...

6. Escrituras Criminalizadas (III)
febrero 17, 2011

---

55 Álvarez Bouza, Fernando. *Corre manuscrito. Una historia cultural del siglo de Oro.* Madrid, Marcial Pons, 2001, p.109-110.
56 Marquilhas, Rita. *A faculdade das letras. Leitura e escrita em Portugal no século XVII.* Lisboa, Imprensa Nacional-Casa da Moneda, 2000.

Estampa satírica contra Luis Joseph de Borbón, príncipe de Condé, quien bajo el número 13 (parte superior derecha) espera un envío de armas mirando a través de un microscopio. 1791.

Esta entrada está dedicada a los autores de pasquines y a las recientes propuestas que se han hecho desde la historiografía europea. Una de las vetas analíticas respecto al escrito de denuncia tiene que ver con sus autores, su origen y con el uso del nombre de autor.

El pasquín, en el caso italiano, ha sido rescatado del género de simple curiosidad literaria y de costumbres y de su caracterización como "voz de la protesta popular contra la corrupción y el mal gobierno" o como "expresión del genuino espíritu satírico italiano".[57] Los investigadores han logrado demostrar, al contrario, su carácter culto. Estos importantes hallazgos han sido matizados por otros escritos en los que se ha descubierto que también ciertos sectores populares en Inglaterra

---

57 Marzo, Antonio (curatore), *Pasquino e dintorni: testi pasquineschi del Cinquecento*. Roma, Salerno editrice, 1990, p.7-10. Existen referencias similares en Marucci, Valerio et al. *Pasquinate romane del Cinquecento*. Roma, Salerno editrice, 1983. 2 vols.

e Italia hacían uso de los pasquines, aún las mujeres y los artesanos.

Con relación al 'nombre de autor'58 se ha afirmado que "como en cada pasquinada que se respete, estamos frente a un componente 'ontológicamente' anónimo, en el cual el autor se burla del poder y de sus representantes, en un modo más o menos explícito, sin todavía poner en cuestión la forma que el poder asume".[59] En las investigaciones de Edoardo Grendi, existen importantes reflexiones con relación al uso del anonimato, así como en las de Alastair Bellany.[60] Los ciudadanos hostiles al gobierno eran por lo general gente proveniente del clero, pero también había individuos que no pertenecían a la alta cultura, como los sirvientes de los grandes personajes, los *amateurs* talentosos o los *pot-poets*, quienes lanzaban coplas a cambio de dinero para cerveza.[61]

Aunque Chiara Lastraioli asumió que en el periodo moderno aún no se ponía en cuestión la forma que el poder asumía, existen documentos que obligan a matizar sus ideas. En 1664, en las paredes del palacio real de Madrid, fue escrito a plena luz del día y con letras grandes: "Si el rey no muere, el reino muere" (refiriéndose al Carlos II de 3 años, nacido en 1661).[62] Claro está que la frase expresaba la necesidad de un regicidio y no necesariamente el cese de la autoridad real, pero implicaba una intervención en la línea del poder divino y en el derecho dinástico de sucesión, a la vez que hacía explícita la parte de soberanía que

---

58 Sobre el 'nombre de autor' y el anonimato he trabajado en "La escritura anónima: ¿Especie sediciosa o estrategia de comunicación política colonial?" en *Andes*. Antropología e Historia, Universidad Nacional de Salta, Argentina, n.16, (2005), p.223-250. Versión electrónica:
http://redalyc.uaemex.mx/redalyc/pdf/127/12701614.pdf
59 Lastraioli, Chiara, "L'esportazione di un genere polemico: le prime pasquinate francesi del XVI secolo". Luisa Secci Tarugi (cur.), *Cultura e potere nel Rinascimento: atti del IX Convegno internazionale (Chianciano-Pienza 21-24 luglio 1997)*, Firenze, Franco Cesati, 1999, p.458.
60 Grendi, Edoardo, Lettere orbe: anonimato e poteri nel seicento genovese, Roma, Salerno, 1989.
61 Bellany, Alastair. *The Politics of Court Scandal: News Culture and the Overbury Affair, 1603-1660.* New York, Cambridge University Press, 2002.
62 Castillo Gómez, Antonio, *Op.cit.*

reclamaban los propios reinos de las monarquías pactistas. Respecto al anonimato implícito al pasquín, también existen excepciones. En mis investigaciones sobre los autores de textos pasquinescos aparecen personajes que, ignorando el anonimato, usaban su firma e intitulaban sus reclamos, como una estrategia de acercarse al poder y de reclamar derechos, según su idea de la justicia.[63]

En las guerras de pasquines hispanoamericanos se llegó a proponer, aunque no fue lo predominante, el desconocimiento de la autoridad real, lo cual ocurrió casi una década antes de la Revolución francesa. En Arequipa fueron publicados pasquines del tenor siguiente: "Zángano que a tus abejas/la miel y panal quitáis/bien es que a tu rey perdáis/pues a perecer las dejas/[...]/Casimiro el Inca, ¡Viva!/a quien juramos por rey/que es de razón y de ley/que lo que es suyo perciba".[64] Lo más frecuente era aún, dar vivas a Carlos III y declarar la muerte de los aduaneros.

Las afirmaciones de Angela De Benedictis en la compilación *Suppliche e 'gravamina'*, resultan de extrema importancia en la relación que el peticionario establecía ante una autoridad. Ella retomó la propuesta de Andreas Würgler en el mismo libro sobre súplicas, reclamos y peticiones en Europa durante los siglos XIV al XVIII. Hizo una llamado a la reflexión sobre la *cultura política*, al interior de la cual, súplicas y peticiones constituían la normalidad y podían ser, y de hecho lo eran, un obstáculo al desarrollo político de los señores y príncipes. Si bien los súbditos no podían pedir cambios a nivel institucional, podían formular y aún exigir, deseos hacia el buen gobierno y la buena policía.[65] Este sistema

---

63 Nos referimos al irlandés William Lamport, quien firmó los pasquines 'publicados' el 24 de noviembre de 1650 en la ciudad de México. Véase Silva Prada, Natalia. "Placer y dolor en la escritura de reclamo político: cartas, pasquines y otras especies novohispanas del siglo XVII" en Lillian von der Walde et.al. (edis.), *"Injerto peregrino de grandezas admirables". Estudios de literatura y cultura española e hispanoamericana (siglos XVI al XVIII).* México, Universidad Autónoma Metropolitana, Iztapalapa, 2007, p. 696.

64 Galdós Rodríguez, Guillermo, *La rebelión de los pasquines. Un intento emancipador de Arequipa colonial (1780)*, Arequipa, editorial universitaria, 1967, p.73.

en el contexto de las revueltas, podía mostrarse más radical, transformando a los escritos en verdaderas protestas. Como dice Antonio Castillo Gómez, la ruptura del consenso social podía leerse a través del pasquín. Para el mencionado autor, la escritura criminalizada se inscribía públicamente como discurso y el poder crítico permitía explicitar el disenso político y religioso: "En el momento mismo de su establecimiento textual en el palimpsesto urbano, el panfleto, el manifiesto o el pasquín se instituye como un acto de poder".[66] Esta línea de reflexión es común a los trabajos de Castillo Gómez, Andrew Gordon, Ottavia Niccoli y Alastair Bellany. Este último afirma que las expresiones de descontento se hacían a través de poemas ilícitos a los que denomina, poesía política.[67] Según Bellany, durante el siglo XVI el verso ilícito fue un vehículo popular para expresar oposición a la política religiosa de los Tudor. La circulación era continua, se reimprimían, se adaptaban y se expandían, incorporándoles nuevas informaciones. En 2002, Andrew Gordon publicó un importante escrito en el que señalaba que el estudio del libelo en la Inglaterra del periodo moderno temprano, había producido una saludable cantidad de estudios. Estos examinaban la composición, difusión y persecución de estos textos pero, - agregaba Gordon- se resentía aún, la falta de trabajos que trascendieran el tema de la transmisión y el enfoque de los libelos literarios.[68] Este tipo de estudios pese a la importancia de las investigaciones específicas existentes, podría velar otro importante problema, el de si el uso del pasquín era un simple mecanismo de venganzas personales. Muchas veces, no se trataba de simples ataques frontales sino de pequeñas conspiraciones

---

65 De Benedictis, Angela. "Supplicare, capitolare, resistere. Politica come comunicazione". Nubola, Cecilia y Andreas Würgler (ed.), *Suppliche e gravamina: politica, amministrazione, giustizia in Europa: (secc.XIV-XVIII)*. Bologna, Il Mulino, 2002, p.455-472.
66 Castillo Gómez, Antonio. "Escrituras públicas y escrituras privadas en la España del Siglo de Oro", www.oslo2000.uio.no (ponencia presentada en la sesión de temas especializados 10, Roger Chartier (org.), "The Social Practices of Writing and Reading from Antiquity to the Present").
67 Bellany, Alastair. *Op.cit.*, p.98-99.
68 Andrew Gordon, "The Act of Libel: Conscripting Civic Space in Early Modern England" en *Journal o f Medieval and Early Modern Studies*, (spring 2002), p.375-397.

colectivas. Existe otra veta de gran valor y es la del rastro dejado por las inscripciones en el espacio público que no fueron necesariamente perseguidas, pero que se difundieron en un extenso radio, tuvieron amplio impacto y esparcieron noticias sobre revueltas o presagios, por ejemplo. Gordon hace un llamado para que el libelo sea visto como un acto de poder que por su carácter anónimo es un invisible enemigo con altas capacidades transgresoras. Bien decía Edoardo Grendi que, en los carteles pasquinescos existía una modalidad de autonomía comunicativa que era más característica de los ciudadanos hostiles a la república. Por ende, este tipo de comunicaciones no suscitaban ningún tipo de condescendencia ya que lesionaban el honor y estimulaban la violencia reparatoria.[69] Por su parte, Ottavia Niccoli dedica importantes páginas de su libro al pasquinismo antipapista, el cual circuló ampliamente, fijando los escritos injuriosos en lugares públicos, en las columnas del Vaticano, sobre la puerta de la biblioteca del Papa de turno y reproduciéndose de forma manuscrita y en numerosas obras de la época. Ella habla de la formación de una opinión pública a propósito del anticlericalismo del siglo XVI y pone de relieve que, aún las más infames acusaciones contra el Pontífice, incidían sobre las opiniones comunes y eran destinadas a tener un papel relevante en la formación de algunos aspectos de la conciencia moral y religiosa italiana.[70]

En la próxima entrega haremos referencia al fenómeno pasquinesco en Hispanoamérica y a las proyecciones históricas que permite, relativas al proceso de formación de la opinión pública.

Fuente de la imagen: Biblioteca digital Gallica/Biblioteca Nacional de Francia (http://gallica.bnf.fr/?lang=ES)

---

69 Grendi, Edoardo. *Op.cit.*
70 Niccoli, Ottavia. *Rinascimento anticlerical. Infamia, propaganda e satira in Italia tra Quattro e Cinquecento*. Roma-Bari, 2005, p.15.

1   comentario a Escrituras Criminalizadas (III)

1.   Rulo el 24/02/2011 a las 7:49 AM

Hola Doctora, tengo una duda, ¿Podemos decir entonces, que con relación al fenómeno pasquinesco, el libelo sería caracterizado por su agresividad? ¿O es un fenómeno homogéneo?

2. Natalia Silva el 24/02/2011 a las 11:25 AM

Cuando se habla de escrituras expuestas en el espacio público de antiguo régimen nos referimos al libelo o al pasquín como conceptos sinónimos. El término libelo es un poco confuso pues alude también a los pequeños tratados. Al que es sinónimo del pasquín se le llamaba en la época "libelo famoso" o escandaloso. No hay entonces distinción y si era un fenómeno con una importante carga agresiva pues desprestigiaba al sujeto del ataque.

7. Escrituras Criminalizadas (IV y última)
febrero 28, 2011

Estampa de San Judas apostillada con injurias. Tomada De Mario Humberto Ruz, "Conjuros indígenas, blasfemias Mestizas"

Estampa con injurias en los bordes

El tema de la naturaleza y difusión de los pasquines forma parte importante de la reconstrucción de la historia de la cultura política como una de sus manifestaciones peculiares. Esta es una de las razones por las cuales en Hispanoamérica aún no tenemos estudios importantes en los que al pasquín se le considere como parte de la cultura política del periodo moderno. Sólo en las últimas décadas empezamos a avistar estudios en los que la política es analizada desde una perspectiva culturalista.

De esta manera, cuando encontramos referencias al uso del pasquín es casi siempre asociado a otro fenómeno: la historia del periodismo, el nacimiento de los escritos satíricos, las curiosidades documentales o el proceso de independencia de España, único caso en donde al pasquín se le concede relevancia política. No obstante estas aproximaciones, existen aún importantes carencias reflexivas.

Estudiosos de la sátira como José Miranda y Pablo González Casanova han llegado a afirmar que durante el gobierno español, el género no adquirió "gran cuerpo y gravedad" debido, y esta es sobre todo la parte impugnable, "a la atmósfera social inalterada de la colonia".[71]

Una crítica al tipo de percepción de Miranda y González Casanova aparece en un texto mío de 2006 ("El disenso en el siglo XVII hispanoamericano")[72] y de manera muy similar es la que puede encontrarse en un texto del español Bernabéu Albert, quien también expuso el absurdo de la observación de los autores de *Sátira anónima*, frente a los recientes descubrimientos documentales: "las nuevas investigaciones están desmintiendo esta afirmación y hoy sabemos que la sátira está presente en los

---

71 Miranda, José y Pablo González Casanova, *Sátira anónima del siglo XVIII*. México, Fondo de Cultura Económica, 1953, p.7.
72 Silva Prada, Natalia, "El disenso en el siglo XVII hispanoamericano: formas y fuentes de la crítica política" en Riccardo Forte y Natalia Silva Prada (coords.), *Cultura Política en América:Variaciones temporales y regionales*. México, Universidad Autónoma Metropolitana-Juan Pablos, 2006, p.19-42.

siglos XVII y XVIII mexicanos con una variedad y diversidad extraordinarias".[73]

Con la finalidad de estudiar el fenómeno satírico y no directamente político, Salvador Bernabéu Albert recogió diversas versiones del Padrenuestro en Nueva España como colaborador de *Grafías del Imaginario*, libro publicado en 2003.

Una revisión a la historiografía latinoamericana deja la impresión amarga de que estamos a años luz con respecto a los avances del tema en la historiografía europea. Ésta no es por supuesto, una objeción con carácter emulativo. Nos damos cuenta de la importancia que tiene este tipo de estudios para llegar a comprender la verdadera dinámica de la vida política de aquellos siglos.

Los estudios que se dedican por completo al pasquín son sobre todo, grandes compilaciones documentales con comentarios, algunos de importante valor y otros no tanto. Entre los del primer género tenemos el magnífico trabajo de Bartolomé Martínez, *Jaque mate al obispo virrey*, quien recogió los pasquines producidos durante un siglo y medio contra el visitador, obispo y virrey novohispano Juan de Palafox y Mendoza. Esta compilación analítica es fundamental para reconsiderar las prácticas en torno al libelo y en general, al escrito anónimo. Permite ver cómo la política trasciende al espacio territorial específico. Uno de estos casos estaba relacionado con un libelo anónimo contra Palafox, 'publicado' en las calles de una ciudad italiana de la Toscana y muchos otros libelos contra el mismo personaje publicados en Europa durante el siglo XVIII, cuando se debatió el tema de su canonización.

---

73 Bernabéu Albert, Salvador, "'Más líbranos del mal. Amén'. Oraciones profanas y sátiras en el México ilustrado". Carlos Alberto González S. y Enriqueta Vila Vilar (comps.), *Grafías del imaginario. Representaciones culturales en España y América (siglos XVI-XVIII)*. México, D.F., Fondo de Cultura Económica, 2003, p.215.

No tan afortunada, en perspectiva analítica, es la compilación de Guillermo Galdós Rodríguez, *La rebelión de los pasquines. Un intento emancipador de Arequipa colonial (1787)* publicada en 1967. Este libro, si bien sufre el paso del tiempo, es por lo menos un gran acervo de información documental para otros historiadores. Emparentado con este, encontramos el libro de Vitaliano Torrico Panozo publicado en 1997, *El pasquín en la Independencia del Alto Perú.* Allí, Torrico Panozo estudió los pasquines aparecidos en el Alto Perú durante las rebeliones anti fiscales del siglo XVIII. Esta obra no es en principio una compilación documental y aunque tiene la intención de ser una obra crítica y con conciencia política, le hace falta la metodología histórica en la que se ha avanzado tanto en las últimas dos décadas. Aunque aparentemente el pasquín es el sujeto principal de la obra, resulta ser una revisión de algunos episodios olvidados de la historia boliviana desde el ángulo del periodismo, con una postura excesivamente ideologizada y contestataria.

Existen sin embargo otros textos en donde empieza a asomar un interés por la reflexión política asociada a los pasquines. Entre ellos tenemos el de Guillermo Lohmann Villena, quien en su *Inquisidores, virreyes y disidentes* publicado en 1999 estudiaba a través de los rastros dejados por "El Mogorgón del Perú" y "Posteridades", un fenómeno importante de oposición política a los virreyes marqués de Mancera (1639-1648) y el conde de Alba de Aliste (1655-1661).

Sobre la escritura satírica Lohmann Villena escribía con razón, "vale por todo un repertorio documental y logra reflejar, como un espejo oscuro, la cara oculta de la Historia".[74]

Se pueden rescatar también entre las primeras aproximaciones al género de la historia cultural de la política, las investigaciones de Felipe Castro Gutiérrez con sus "Profecías y libelos subversivos contra el reinado de Carlos III" y Eva Clair Segurado con su "'Padrecito, los padres jesuitas vuelven". Revelaciones, profecías y

---

74 Lohmann Villena, Guillermo, *Inquisidores, virreyes y disidentes. El Santo Oficio y la sátira política.* Lima, Congreso del Perú, 1999.

otros hechos maravillosos en Nueva España tras la expulsión de la Compañía de Jesús (1767-1772)". En el segundo artículo citado faltan sin embargo, reflexiones teóricas consistentes que valoricen el importante trabajo documental llevado a cabo por su autora.

El más explícito y reciente trabajo en el orden de la historia de la cultura política es pese a todo, un conjunto de ensayos no dedicado totalmente al pasquín pero acertado en la aproximación a su naturaleza y definición. Nos referimos a *Signos y figuraciones de una época* de Mario Miranda Pacheco de 2004. El autor caracteriza a los pasquines como instrumentos de agitación y propaganda contra el mal gobierno, los cuales exhiben estados de ánimo saturados de ironía, protesta y ansiedad.

Para el virreinato de la Nueva Granada existen algunas investigaciones que se han referido al pasquín pero casi siempre de forma marginal, aunque hubo importantes explosiones pasquinescas durante la rebelión comunera de 1780-1781 y entre 1794 y 1795, cuando se publicaron los "Derechos del Hombre y del Ciudadano". En varias obras se ha hecho mención al proceso de los pasquines de 1794 pero sobre todo por la implicación de estudiantes del Colegio Mayor del Rosario de Bogotá en estos hechos. Entre estos textos vale la pena mencionar el recién publicado libro de Javier Ocampo López, *El cura Juan Fernández de Sotomayor y Picón y los catecismos de la Independencia*, el muy citado de Renán Silva Olarte, *Los ilustrados de Nueva Granada, 1760-1808: genealogía de una comunidad de interpretación* (2002) y el de Diana Soto Arango "Los pasquines de 1794 y su influencia en la vida universitaria de Santafé de Bogotá" (1997).

Es preciso insistir en que la presencia de pasquines en estos años ha sido asumida como un factor importante en el proceso del nacimiento de una esfera pública, pero no se ha rastreado el mismo fenómeno y la relación pasquines-esfera (espacio) público, para los años precedentes.

Debe advertirse que antes de llegar a conclusiones definitivas debería tomarse en cuenta el gran vacío historiográfico sobre la mecánica de la publicística y de la publicidad en el periodo borbónico pero sobre todo en el periodo Habsburgo, donde el conocimiento de estos aspectos es nulo y ha permitido la configuración de un cierto tipo de imaginario relativo a la ausencia de una esfera pública. Existe la tendencia a pensar en la difusión de libelos como en un típico producto del siglo XVIII y como un proceso estrechamente vinculado al movimiento ilustrado.

En un extremo, encontramos las investigaciones que consideran que la sociabilidad y el debate en el periodo colonial –y aún en el siglo XVIII- eran más privados que públicos- y que esto habría impedido el surgimiento de una verdadera esfera pública[75] y en el otro, los trabajos moderados que tímidamente declaran el desarrollo incipiente de una esfera pública en el último periodo colonial.[76]

Uno de los pocos historiadores que se ha detenido a analizar el fenómeno de aparición de pasquines en el contexto de una conspiración es Lyman Johnson en su artículo sobre "Juan Barbarin" y la conspiración de 1795 en Buenos Aires, quien anota que los pasquines han sido parte de la vida política colonial.

En su forma más común atacaban a oficiales o prominentes residentes, insultándolos por escándalos privados o por impopulares decisiones políticas:

> Pasquines were, in effect, political and social siege weapons skillfully used by both the powerful and the

---

75 Rebecca Earle, "Information and Disinformation in Late Colonial New Granada" en *The Americas*, v.54, n.2 (oct.1997), p.167-184.
76 Ver trabajos de Uribe-Urán, Víctor Manuel. "The Birth of a Public Sphere in Latin America during the Age of Revolution", *Comparative Studies in Society and History*, 42: 2 (Apr., 2000), pp. 425-457 y Silva Olarte, Renán, "El periodismo y la prensa a finales del siglo XVIII y principios del siglo XIX en Colombia". Documento de trabajo N.63, mayo de 2003. Universidad del Valle-CIDSE. Versión electrónica.

weak. They were almost always handwritten and were seldom produced in multiple copies, the authors relying on owed of mouth to multiply the effects of their insults or charges. Pasquines were almost always placed on the walls of public places, although it was not unknown for a pasquines to be thrown through the open window of a private dwelling.[77]

Poco a poco vamos viendo trabajos que valorizan al pasquín como instrumento de acción política y sobre todo, en su propio contexto histórico. Entre estos podemos destacar los trabajos de Scarlett O'Phelan Godoy: «La construcción del miedo a la plebe en el siglo XVIII a través de las rebeliones sociales» y el de Claudia Rosas Lauro quien menciona una tríada de pasquines alusivos a la Revolución Francesa en su artículo "El miedo a la revolución. Rumores y temores desatados por la Revolución Francesa en el Perú". Ambos trabajos son parte de la compilación *El miedo en el Perú. Siglos XVI al XX* publicado en el año 2005.

Una de las últimas investigaciones sobre historia cultural abre también importantes expectativas documentales. Mario Humberto Ruz en su "Conjuros indígenas, blasfemias mestizas: fragmentos discursivos de la Guatemala colonial" comenta el caso de un sastre hijo de una negra esclava, quien en 1817 habría escrito la suma nada deleznable de 60 pasquines heréticos contra los curas, el dogma y la Inquisición. El nombre del autor se llegó a conocer porque él se autodenunció por arrepentimiento. Este artículo si bien no se ocupa en sí mismo de los pasquines, arroja una luz importante, pese al desconocimiento del autor acerca de la mecánica de estas comunicaciones, a las que considera prácticas extraordinarias.

Sobre la Nueva España en el periodo previo a la Independencia existe un trabajo muy reciente al que esperamos tener pronto acceso. En su *Opinión pública y censura en Nueva España*, Gabriel Torres Puga se acerca al tema de la difusión de libelos en México

---

77 Johnson, Lyman, "Juan Barbarín. The 1795 French Conspiracy in Buenos Aires" en Kenneth Andrien, *The Human Tradition in Colonial Latin American*, 2002, p.263.

y Puebla, vía el estudio de la relación entre los miedos políticos y las conspiraciones.[78]

En definitiva, ¿Qué nos aportan estos escritos? Y ¿Por qué estudiarlos?

Mis percepciones sobre el fenómeno en Hispanoamérica son el producto de las incursiones que en el tema he estado haciendo desde el año 2003. Constituyen manifestaciones públicas de la opinión y del criticismo, de gran trascendencia en una época en donde primaban la imposición de ideas ortodoxas y se buscaba frenar todo aquello que atentara contra "la paz" y el orden públicos.

Nos permitimos cuestionar la caracterización del pasquín –sobre todo de temáticas políticas- como un producto de la cultura popular, sin negar que en la apropiación de los textos podría haber sido importante el consumo por parte de los sectores no privilegiados y aún, no alfabetizados. En un pleito entre vecinos ocurrido en la ciudad de México a finales del siglo XVI, podemos apreciar el uso social temprano del pasquín. El pasquín fue confeccionado por el hijo de un artesano, quien sirvió como mediador entre su tía y otra mujer vecina involucrada en el pleito. Esta, era la esposa del mercader sevillano injuriado como "perro judío y de casta de ensambenitados".[79]

Salvo algunas excepciones, la interpretación romántica de los pasquines de naturaleza política como un producto de la cultura popular y sobre todo, para la cultura popular, puede ser revalorada a partir de las interpretaciones historiográficas europeas más recientes, donde se ha constatado su inserción en los sectores cultos de la sociedad del antiguo régimen. En Latinoamérica, la idea de que el fenómeno del pasquinismo es expresión de la cultura popular se ha difundido a partir de las todavía superficiales aproximaciones a los fenómenos ocurridos

---

78 A esta obra le dediqué posteriormente una reseña. Actualmente puede consultarse en la revista *Historia mexicana*, El Colegio de México, 244, v.61, n.4, (abr.-jun., 2012), p.1629-1638.
79 Veáse Silva Prada, Natalia. *Op.cit.*, 2007, p. 684-686.

en el siglo XVIII americano y en los que la presencia del pasquín fue contundente.[80] A ello ha contribuido el importante impacto de las historiografías nacionalistas o de fuerte tendencia a la reivindicación independentista basada en la dicotomía América española-España peninsular.

Historiadores de la talla de Boleslao Lewin escribieron textos pioneros, pero esto no es un mérito suficiente para seguirlos repitiendo acríticamente: "No existe una producción política escrita tan expresiva y tan auténticamente popular, por su carácter intrínseco y por la rapidez de su difusión, como la de los pasquines (...), vehículo por medio del cual el espíritu revolucionario penetraba en las capas populares, cuyo anhelo expresaba".[81] Esta visión es compartida por Vitaliano Torrico quien de forma aún más expresiva opinaba que "la aparición del pasquín suponía un estado de ánimo, una predisposición consciente de las masas coloniales, capaz de responder al llamado del pasquín que como vocero expresaba el sentir de esas masas"[82] o lo define como "guía del pueblo colonial del Alto Perú, sembrando los ideales libertarios fundados en la doctrina enciclopedista".[83]

Los conflictos y críticas al gobierno de la "res pública" se explicitaban en la aparición de libelos y permiten rastrear hoy, las discusiones que surgen en los momentos de fuertes tensiones sociopolíticas. Los pasquines en sí mismos son fuentes con contenidos altamente satíricos y por ende reveladores de tensiones, los cuales pueden ayudar a dar significado a las opiniones relativas al 'deber ser' de la política.

---

80 Puede ser diferente el caso de la Inglaterra del siglo XVII, en donde por la difusión de la escritura, el uso del pasquín pudo haber sido utilizado por sectores diversos a los de la élite y por ende, un género de naturaleza más 'popular'. Para el caso de Inglaterra hemos mencionado atrás una serie de trabajos pioneros como los de Thompson, Croft y Bellany.
81 La referencia de Lewin en Natalia Vinelli, "Una aproximación desde la alternatividad"*Ancla*, http://www.nuncamas.org/investig/ancla/ancla_08.htm
82 Vitaliano Torrico, *op.cit.*, p.160.
83 Ibídem.

El análisis del lenguaje utilizado en los pasquines y de las estrategias discursivas de sus autores está orientado a dilucidar las impugnaciones a las autoridades, las denuncias de acciones contrarias al bien común, las propuestas alternativas al accionar político y las diversas concepciones del poder.

En síntesis, se propone una mirada cultural a las prácticas de la política que nos ayuden a percibir las representaciones que diversos miembros del cuerpo social tenían del mundo en el que vivían y en especial de la forma en la que ellos se representaban la vida política. Este ejercicio aunque implicaba potencialmente a una élite letrada, permite el contacto con las opiniones de estratos no privilegiados en el orden cultural, tal como podemos intuirlo en los primeros rastreos documentales.

El primer paso de este análisis es establecer el tipo de crítica que en los pasquines se manifiesta y el contenido de los reclamos, para determinar la presencia de conceptos básicos de la cultura política de la época: la búsqueda de la justicia y la denuncia de tiranías.

También buscará aclararse, si tras los pasquines sólo hay manifestaciones vengativas y denigrantes, o nos dan señales de la existencia de problemas y conflictos que revelen momentos coyunturales de existencia de formas históricas de la 'esfera pública'.

El seguimiento al gran acervo de insultos, gestos y símbolos todavía por explorar en los archivos coloniales y que emerge de los documentos relacionados con los pasquines, puede ayudar a configurar de una manera más real el nivel de legitimidad de que gozaban las autoridades locales y/o metropolitanas en ese momento, las expectativas que los vasallos tenían respecto al bien común, la aplicación de la justicia y la forma y medios de que se valían para expresarlos.

Cierro esta colaboración con los trabajos que he publicado respecto al tema y en donde he profundizado a través de varios casos documentales, muchas de las inquietudes expresadas atrás:

1) "Pasquines contra visitadores reales: opinión pública en las ciudades hispanoamericanas de los siglos XVI, XVII Y XVIII" en James S. Amelang y Antonio Castillo Gómez, *La ciudad de las palabras. Opinión pública y espacio urbano en la Edad Moderna.* Gijón, Trea, 2010, p.373-398.

2) "Cultura política tradicional y opinión crítica: los rumores y pasquines iberoamericanos de los siglos XVI al XVIII" en Riccardo Forte y Natalia Silva (coords.), *Tradición y modernidad en la historia de la cultura política (siglos XVI-XX).* México D.F, UAM-Juan Pablos, 2009, p.89-143.

3) "Placer y dolor en la escritura de reclamo político: cartas, pasquines y otras especies novohispanas del siglo XVII" en Lillian von der Walde et.al. (eds.), *"Injerto peregrino de grandezas admirables". Estudios de literatura y cultura española e hispanoamericana (siglos XVI al XVIII).* México, Universidad Autónoma Metropolitana, Iztapalapa, 2007, p.683-716.

4) "La oposición a la Inquisición como expresión de la herejía: reflexiones sobre la disidencia en el mundo colonial americano" en *Herejías*, número monográfico de la revista electrónica Vitral, Buenos Aires, GERE-Prohal, 2008. ISSN: 1851-9091 http://www.filo.uba.ar/contenidos/investigacion/institutos/ra vignani/prohal/dossierhere.html

5) "El disenso en el siglo XVII hispanoamericano: formas y fuentes de la crítica política" en Riccardo Forte y Natalia Silva Prada (coords.), *Cultura Política en América: Variaciones temporales y regionales.* (Biblioteca de Signos). México, D.F., Universidad Autónoma Metropolitana Unidad Iztapalapa-Casa editora Juan Pablos-GEHCPA, 2006, p.19-42.

6) "La pasión y el bien común en la literatura efímera: los pasquines en el siglo XVII neogranadino" en Congreso Colombiano de Historia. *Memorias del XIII Congreso Colombiano de Historia [CD-Rom].* Bucaramanga: Universidad Industrial de Santander; Medellín: Universidad Nacional de Colombia, 2006. ISBN: 958-8187-55-9, 1000 ejemplares.

7) "La escritura anónima: ¿Especie sediciosa o estrategia de comunicación política colonial?" en *Andes.* Antropología e Historia, Universidad Nacional de Salta, Argentina, n.16, (2005), p.223-250. ISSN 0327-1676.

Versión electrónica:

http://redalyc.uaemex.mx/redalyc/pdf/127/12701614.pdf

8. Crítica política en palabras injuriosas
marzo 2, 2011

Me complace informar a los lectores habituales de este blog que una vez finalizada la entrega de "Escrituras Criminalizadas" pondré a su disposición documentos inéditos o parcialmente publicados. Se privilegiarán aquellas escrituras consideradas *subversivas*, las cuales a través de palabras *injuriosas* expresaban importantes críticas de orden político. Es nuestra intención hacer un recorrido por todos los reinos americanos en donde estas expresiones hicieron su aparición hace ya varios siglos.

Estoy en el proceso de preparación de estos materiales a los que pronto tendrán acceso. Son también bienvenidas las colaboraciones de investigadores que trabajan sobre estas temáticas.

9. Crítica política en palabras injuriosas: Pasquines y contrapasquines del siglo XVI
marzo 11, 2011

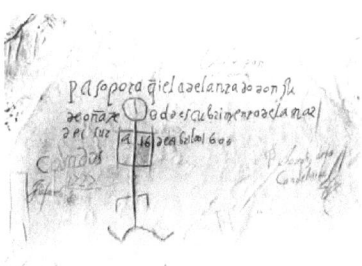

Graffiti del adelantado don Juan de Oñate en el Morro, México y a su paso para el "descubrimiento de la Mar del Sur"

Las primeras manifestaciones injuriosas de la América hispánica son sólo historizables a través de las tradiciones o registros en crónicas de la época. Por desgracia -sobre todo para los historiadores- no quedó constancia ni siquiera de las copias de las frases en los procesos judiciales, si es que los hubo. Pero testimonios de la práctica de escribir en las paredes, podemos verlos en las imágenes adjuntas. Son inscripciones directas en la piedra que reflejan una antigua práctica escrituraria. La gente viajera dejaba esculpido su nombre, el motivo de su paso por allí (a veces) y la fecha: por aquí pasó fulano..., que iba a la conquista de la mar del sur, fecha...".

Graffiti en castillos (1) e iglesias (2) europeos

Así que esta forma de comunicación puede ser datada en América desde los tiempos de Colón en la Isla La Española, así como en las fechas en las que se dieron las primeras conquistas del territorio y durante los procesos de poblamiento.

Parece que era común la escritura parietal directa, es decir, a modo de grafiti, pues hay varios casos ocurridos tanto en Perú como en México. Y una modalidad más: del pasquín se pasaba al contrapasquín. Curiosamente, la injuria era contestada valiéndose de los mismos medios del injuriador.

El caso del *graffiti* contra el conquistador Hernán Cortés y su respuesta es quizás más conocido que el caso contra los primeros virreyes del Perú. Dejamos aquí constancia de ellos.

GRAFITI CONTRA HERNÁN CORTÉS

Lugar: Paredes blancas del Palacio de Cortés en Coyoacán

Circunstancia: "Amanecía cada mañana escritos muchos motes, algunos en prosa y otros en metro, algo maliciosos, a manera como masepasquines".

Posibles autores: Un tal Tirado (amigo de Diego Velásquez, yerno de Ramírez el viejo, que vivía en Puebla), un tal Mancilla, y un tal Villalobos que se regresó a Castilla.

Fuente: Bernal Díaz del Castillo. Historia verdadera de la conquista de la Nueva España.

1. Decía:

Que el sol y la luna, el cielo y estrellas y la mar y la tierra tienen sus cursos, e que si alguna vez salen más de la inclinación para que fueron criados más de sus medidas, que vuelven a su ser y que así había de ser la ambición de Cortés en el mandar e que había de subceder volver a quien primero era.

Más conquistados nos traía que la conquista que dimos a México. Y que no nos nombrásemos conquistadores de la Nueva España sino conquistados de Hernando Cortés.

No bastaba tomar buena parte del oro como general, sino parte como rey, sin otros aprovechamientos.

Oh que triste está la ánima mea hasta que todo el oro que tiene tomado Cortés y escondido lo vea.

Imagen del Códice Florentino en la que aparecen Cortés, la 'Malinche' como traductora y un tercer interlocutor

CONTRA GRAFITI: Respondió Cortés:

2. Pared blanca, papel de necios

CONTRA-CONTRA GRAFITI:

3. Y aun de sabios y verdades, e su Majestad las sabrá muy presto.

GRAFITI CONTRA BLASCO NUÑEZ VELA, PRIMER VIRREY DEL PERÚ

Lugar: Pared del comedor de una venta en donde se aloja en Barranca, camino a la investidura en Lima como primer virrey del Perú.

Año: 1544

Posible autor: Dueño de la venta, vecino de Lima, Antonio del Solar

Fuente: Ricardo Palma. Tradiciones peruanas. La muerte del factor, o la crónica de la época de Blasco Núñez Vela, primer virrey del Perú.

"Al que viniere a echarme de mi casa y hacienda procuraré yo echarle del mundo".

Se cuenta que este virrey, quien por otra parte murió decapitado, que cuando dio por su mano muerte al factor Suárez de Carvajal exclamó:

"¡Ojo, que conmigo no hay tustús ni papelorios, sino puñalada limpia y tenteperro!; que mal vinagre o buen jerez, para mí todo es igual".

CARTEL CONTRA EL VIRREY MARQUÉS DEL CAÑETE, DON ANDRÉS HURTADO DE MENDOZA

Lugar: Puertas del Palacio virreinal de Lima

Tipo: versos

Fecha: 1556

Fuente: Ricardo Palma. Tradiciones Peruanas

 Lima

Tu cara no es de excelencia
ni tu traje de virrey:

Dios ponga tiento en tus manos
para que acates la ley".

CONTRA CARTEL

Autor: el virrey marqués del Cañete

Lugar: Puerta del Palacio debajo del primer cartel

"¿Mi cara no es de excelencia
ni mi traje de virrey?
¡Bien! Más represento al rey
y tengo su omnipotencia.
Esta sencilla advertencia
os hago por lo que importe.
La ley ha de ser mi norte
y ¡ay! del que la ultraje osado...
Conque ¡cuidado!... y ¡cuidado!
antes que pescuezos corte".

Fuentes de las imágenes:

1: National Park Service (El Morro, New Mexico). Historic Photograph Collection.
2-3: Fotografías de Natalia Silva Prada
4: Códice Florentino. Tomado de la Biblioteca Virtual Cervantes del artículo de Yvonne Montaudon, "Doña Marina: las fuentes literarias de la construcción bernaldiana de la intérprete de Cortés".
5: Dibujo del siglo XVII. Autor anónimo.

2 comentarios a "Crítica política en palabras injuriosas: Pasquines y contrapasquines del siglo XVI"

1. Iván el 12/03/2011 a las 6:06 PM

Estimada Natalia, Muchas felicidades por tus investigaciones y por tu blog. El tema de los pasquines es muy interesante y digno de interés y me congratulo de que se estudie seriamente y no sólo como anécdota. En este caso, como bien señalas, el problema de las fuentes (sus posibles intertextualidades, por ejemplo) es de suma importancia. Por ejemplo, el que Ricardo Palma da como un pasquín en contra del marqués de Cañete en el siglo XVI, al igual que su contracartel, Luis González Obregón se lo adjudica nada menos que al virrey Venegas en Nueva España en 1810. La única diferencia es que en la respuesta del virrey los últimos versos son: "cuidado con las traiciones/que se han hecho en esta corte", en aparente alusión a las turbulencias de 1808-1809. Por cierto que en el caso de Venegas parece que varios de los pasquines tuvieron como motivo su apariencia y traje, que ya no tenían que ver con la moda cortesana de los últimos años de Carlos IV, como aun vestía Iturrigaray, sino con el traje militar napoleónico. De ahí que le pusieran otro pasquín que decía: "De patilla y pantalón/ hechura de Napoleón." Saludos.

2. Natalia Silva el 12/03/2011 a las 6:22 PM

Estimado Iván, Muchas gracias por tus interesantes y constructivos comentarios. De hecho el mismo Ricardo Palma advierte que el pasquín contra el marqués de Cañete también ha sido adjudicado al virrey Venegas. Lo que podría deducirse de todo esto y de tus comentarios, es que estamos apreciando la circulación de ideas en un amplio arco temporal. Estamos viendo quizás, un testimonio de la conservación y transformación en el tiempo de temáticas pasquinescas. Un saludo.

10. Crítica política en palabras injuriosas:
Licencia para pecar
marzo 15, 2011

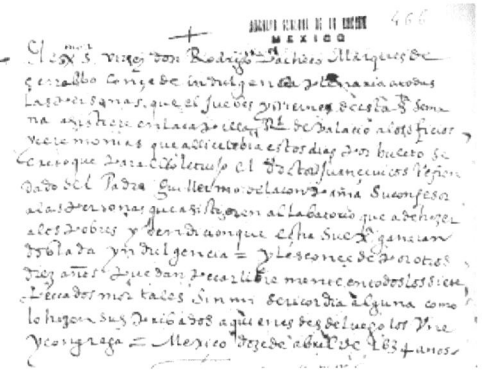

Traslado del pasquín contra el virrey marqués de Cerralbo

Para continuar con las críticas injuriosas y políticas contra virreyes vamos en esta ocasión a dar espacio a uno de los casos tempranos del siglo XVII novohispano.

El jueves santo de 1634, la ciudad de México se vio inundada por un pasquín muy ingenioso, colocado en diferentes partes de la ciudad. El principal sujeto de la crítica era nada menos que el virrey en turno, el marqués de Cerralbo.

Presuntos autores: Juan de Águila Bullon y Blas Polo

Fecha: 12 de abril de 1634

Transcripción del original: Natalia Silva Prada

Fuente: Archivo General de la Nación de México, Inquisición, v.379, exp.5, f.464, 466.

Publicado antes en: Silva Prada, Natalia, "Placer y dolor en la escritura de reclamo político: Cartas, pasquines y otras especies novohispanas", en Lillian von der Walde et.al. (eds.), *Injerto peregrino de grandezas admirables". Estudios de literatura y cultura española e hispanoamericana (siglos XVI al XVIII)*. México: Universidad Autónoma Metropolitana, Iztapalapa, 2007, p.683-716.

Tema: El ó los autores, asumiendo aparentes funciones gubernativas del orden civil y eclesiástico y usando el nombre del virrey concedieron indulgencias y licencia para pecar:

PASQUÍN:

El excelentísimo Señor Virrey Don Rodrigo Pacheco Marqués de Cerralbo, concede indulgencia plenaria, a todas las personas que el jueves y el viernes de esta santa semana asistieren en la capilla real de Palacio a los oficios y ceremonias que allí celebra estos días por Bulleto secreto que para ello le trujo el Doctor Joan de Cevicos refrendado del padre Guillermo de la Compañía su confesor y las personas que asistieren al lavatorio que ha de hacer a los pobres y bendición que echará su excelencia ganarán doblada indulgencia. Y les concede por otros diez años puedan pecar libremente en todos los siete pecados mortales sin misericordia alguna *como lo hacen sus privados a quienes desde luego los une y congrega.*

Los calificadores del libelo lo tildaron además de "famoso", por injurioso e ignominioso, de herético, en tanto no se podían dar facultades papales a un seglar, con el agravante de que resultaba improcedente dar licencia para pecar. Además de esto, injuriaba a una autoridad de alto rango y a sus asesores. El nivel de sarcasmo y la temeridad de este escrito son paralelos: se percibe una dura crítica al virrey, sus "privados" y los religiosos jesuitas que lo respaldaban.

Habla además, de las malas actuaciones en que unos y otros participaban, motivo que los "une y congrega", pero extendía este "privilegio" a los asistentes, los primeros serían por deducción, esos pobres que participarían en el gesto simbólico del lavatorio de pies.

Este libelo ilustra los duros tiempos que vivía la ciudad de México tras la deposición del anterior virrey, el marqués de Gelves, bajo cuyo mando ocurrió el motín de 1624. Desde 1631 el Consejo de Indias había reconocido la necesidad de destituir al arzobispo Francisco de Manso y Zúñiga, a quien en principio se le había comisionado para llevar a México el perdón general tras el alzamiento mencionado.

Virrey don Rodrigo Pacheco

El Doctor Juan de Cevicos, mencionado en el documento, trabajaba en la obra del desagüe, lo cual hace pensar que la burla iba también por el lado de la ineficiencia en la solución a los problemas causados por la inundación de 1629. Y como complemento, una crítica directa a la Compañía de Jesús y en especial al confesor del virrey.

A los supuestos autores de este pasquín les aplicaron una pena de 8 años de galeras, es decir, 8 años de trabajo forzado en la nave Terrenate.

El décimo quinto virrey novohispano don Rodrigo Pacheco, tercer marqués de Cerralbo, ocupó el cargo de 1624 a 1635. Pertenecía a un linaje noble originario de Portugal y el título de marqués de Cerralbo se lo había otorgado a su abuelo el emperador Carlos V. Uno de los sectores que se opuso fuertemente a su gobierno fue el de los criollos novohispanos.

Fuente de las imágenes:

1) Traslado del pasquín contra el marqués de Cerralbo. AGN de México, Inquisición, v.379, exp.5. f.464
2) Retrato del marqués de Cerralbo. Wikimedia Commons

11. Crítica política en palabras injuriosas: una piedra en el zapato (1a.parte)
marzo 23, 2011

COPIA DEL PAPEL DEL CANÓNIGO ANTONIO DE PERALTA que puede ser el **REAL DE LAS INDIAS** (Hasta ahora inédito).

El papel injurioso que viene expuesto a continuación tiene una importante historia [...].

Transcripción y edición del original: Natalia Silva Prada

Fecha: Exhibido ante el Santo Oficio el 20 de diciembre de 1646 por el bachiller Bernardo de Quezada, presbítero, ayudante de cura de la Santa Iglesia Catedral de la ciudad de México.

Autor: Antonio de Peralta y Castañeda, canónigo de la catedral de Puebla.

En una conversación con otro religioso, el canónigo Peralta dijo, "que él era el que había escrito la carta y que siempre había de confesarlo". Los seis años que el autor dice haber vivido en las Indias coinciden con las fechas de su llegada a la Nueva España (1640) y con el momento de "publicación" del pasquín (1646).

Religioso del oratorio de San Felipe Neri. Puebla, Nueva España

Escribió un panegírico a San Felipe Neri (1652) y un tratado sobre las atribuciones del cabildo catedralicio (1666). Fue gestor de la fundación del primer oratorio de San Felipe Neri (Puebla) en la Nueva España. Su hermano Gabriel, en una carta a los inquisidores, testimonia que fue también calificador del Santo Oficio de Cuenca (España).

Su acción escrituraria le valió un buen número de meses en prisión domiciliaria en Puebla y otros tantos en la cárcel inquisitorial, de donde fue mandado sacar por orden del Consejo de Indias. En el interrogatorio inquisitorial afirmó ser natural de la villa de Alarcón en el obispado de Cuenca (Reino de Castilla), de 47 años.

Pasó a Nueva España en 1640, como criado de Juan de Palafox, exactamente con el cargo de confesor y teólogo de Cámara, el cual ejerció por un año. Después fue nombrado beneficiado y vicario de la ciudad de Cholula. En 1644 se posesionó de la canonjía en Puebla.

Obispo y virrey Juan de Palafox y Mendoza

Sus dotes de memorialista crítico podrían confirmarse con la prohibición que se encuentra en los archivos del Tribunal Inquisitorial de Lima.

En 1662 se mandó prohibir un memorial impreso [otro] de autoría de Peralta y dirigido al Rey Nuestro Señor, el cual comienza, "Señor sucesos hay de suyo tan ruidosos" y acaba, "Di el presente en la ciudad de México en veintisiete días del mes de agosto de mil y seiscientos cincuenta y siete". Fue calificado como "escandaloso, sedicioso y injurioso al crédito y autoridad del Santo Oficio y sus Tribunales".

Fuente: Archivo Histórico Nacional, Madrid, Inquisición, legajo 1728, expediente 6, fols. 22r.-24v. Proceso criminal contra Juan de la Cámara y Alonso González de Villalba.

Este documento lo he mencionado en:

1) "Pasquines contra visitadores reales" (2010)

2) "El disenso en el siglo XVII hispanoamericano" (2006)

Las notas que siguen constituyen una primera aproximación al estudio del documento:

Esta especie de memorial fue convertido en pasquín por el proceso mismo de censura. No fue hallado como otros pasquines, fijado en las paredes de alguna ciudad. Se supo de él por la amplia circulación del rumor de que alguien había escrito un memorial y lo había enviado a España, en donde se hacían diversas denuncias. Se le habría dirigido a un tal "Arias Temprado" [Don Pablo Arias Temprado] que estaba en Madrid. Era en realidad, un miembro del Consejo de Indias. Por las "mil suciedades" que se decía contenía, muchos clérigos y laicos fueron testigos de su lectura y allí comenzó la reproducción en cadena de copias del manuscrito original, difundiéndose desde la ciudad de México a toda la América hispánica. Se llegó a saber de la existencia de por lo menos dos mil ejemplares. Según José Toribio Medina, este libelo se conoció con el nombre de "Real de las Indias". El dato sobre su nombre aún necesita comprobación, pues la época de su producción coincide con un periodo de circulación intensa de injurias entre facciones, las cuales alcanzaron el nivel de una verdadera guerra de pasquines. El que trascribimos, según cuenta uno de los testigos que lo leyó, lo hizo de una copia que le pasó un barbero de la calle de la acequia llamado Jusepe [Giuseppe].

Este libelo es ya una respuesta a otro papel muy injurioso que hablaba mal de Juan de Palafox y del oidor de la Audiencia Alonso González de Villalba, sospechoso también de la autoría de este.

En el texto, el autor declara ser un sacerdote: "pero presuma Vuestra Excelencia que proposición de tanto empeño, no la dice un sacerdote cristiano, con riesgo de desdecirse para morir". Sin embargo, fueron también juzgados como autores de su escritura, el oidor Alonso González de Villalba (injuriado en otro pasquín) y como cómplice de su lectura y no denunciación, el clérigo Juan de la Cámara, natural de Zacatecas, de 40 años, quien habría borrado dos o tres renglones del libelo original que estamos transcribiendo y quien consideraba este escrito un conjunto de niñerías.

Según su autor, a la carta-pasquín no solo le habrían quitado partes, sino añadido otras, tal como escribió Peralta hablando del traslado que le llevó un fraile carmelita.

Al leer y contextualizar este documento, surge una inquietud muy interesante, ¿Pudo haber sido la piedra de toque que llevó finalmente a la destitución del virrey en turno, el conde de Salvatierra?

Este es un claro ejemplo de cómo una carta o memorial podía ser convertida fácilmente en pasquín. Su autor atestiguaba haber entregado este escrito de forma secreta a un individuo que a su vez debería haberla entregado en mano propia al consejero de Indias. Este hombre lo traicionó y la entregó al arzobispo de México y desde ese momento comenzó su circulación, alteración y extraordinaria publicidad y censura.

LIBELO Y SÁTIRA CONTRA LAS MÁS ALTAS AUTORIDADES DEL REINO NOVOHISPANO

1

Habiendo observado con la atención que sufre mi corta capacidad los subcesos de estos *Reinos* en seis años, que ha que estoy en ellos he tomado las mejores y más puras noticias de los pasados. Puedo asegurar a Vuestra Excelencia que apenas ha habido caso avieso en ellos que mediata, o inmediatamente, no se haya ocasionado de la soberanía que sustentan los religiosos que tienen doctrinas, y especialmente de los de San Francisco, Y no fuera dificultoso hacer evidencia dello, si como alguna vez he tenido tentación por ver tantos desordenes me resolviera a hacerme coronista, pero presuma Vuestra Excelencia que proposición de tanto empeño, no la dice un sacerdote cristiano, con riesgo de desdecirse para morir.

2

EL ASUMPTO DE ESTOS VENDITOS ES EXIMIRSE DE LOS PRELADOS, Y PARA ESO TENER A SU DEVOCIÓN A LOS VIRREYES EL REMEDIO ES MUY SEGURO, ES NO SIENDO ELLOS MUY SANCTOS PORQUE TODA ESTA AMBICIÓN, TIENE SU RAÍZ, EN LA CODICIA y para cobrar una y otra, es menester saber la ajena: Los provincialatos valen, a veinte mil pesos, y de religión aseguran algunos de los de dentro della que tributo de cuarenta mil pesos para arriba, porque le dejasen elegir provincial, y priores libremente Y ESTO NO LO HA INTRODUCIDO ESTE GOBIERNO PERO LO HA PUJADO MUCHO.

3

Virrey García Sarmiento de Sotomayor,
Conde de Salvatierra

Las cosas de acá Señor están en miserabilísimo estado PORQUE EL PROCEDER DE EL CONDE[84] Y SU MUJER, HA SIDO FIERÍSIMO EN MATERIA DE CODICIA CON QUE TODO SE HA VENDIDO y pareciéndole que esto lo censura mi amo [Juan de Palafox], y temiendo que lo avisará allá, no es creíble el enojo que ambos tienen con su Excelencia con que en México le han hecho mil desaires amparando a cualquiera que se ha querido oponer, y embarazando con esto el progreso de las comisiones con que el obispo mi Señor lo volvió a dejar.

4

Señor no se puede temer de cada Virrey que se alce pero si este modo de proceder, no es entregar el *Reino* a el enemigo es irle tomando, y quitándosele a el Rey Nuestro Señor, chupándole y desustanciándole de suerte que a cuatro años que se continúen, deste modo, no habrá *Reino* y tengo esto, por tanta verdad que con esta mesma claridad, lo dijera al Señor Presidente del a el Consejo en pleno, y a su Majestad si tuviera ocasión de poderles hablar. Pero no solo, no me confesaré de haberlo escrito a Vuestra Señoría si no que si agora me muriera, fuera muy contento de haberlo hecho, y si Vuestra Señoría juzgare, que es bien que algunas personas lean aquestas locuras yo no lo excuso.

5

SI RECURRIMOS A UN ARZOBISPO [JUAN DE MAÑOZCA Y ZAMORA], ANCIANO POR EDAD Y POR MINISTRO, Y QUE POR TODOS ESTÁ ASEGURADO DESENGAÑO Y CELO, Y SUCEDE QUE POR LO VIEJO SE INCLINA AL OCIO Y QUIERE MÁS LA QUIETUD QUE EL ACIERTO CON QUE ASISTE CON APROBACIONES Y LINSONJAS DE VIRREY, Y SE DEJA ASISTIR CON REGALOS Y FESTINES, DE LOS RELIGIOSOS Y RELIGIOSAS, y no tiene otra razón, para no obrar cosa útil, que decir que si él tuviera sesenta mil pesos de renta, y cuarenta años, como el obispo de la Puebla siguiera sus pasos, COMO SI LOS MUCHOS AÑOS JUBILARAN LAS OBLIGACIONES DE LA PRELACÍA, o, no fuera bastante congrua la de Arzobispo de México hiciera lástima a Vuestra Señoría oír, por menudo, lo que en este gobierno pasa, QUE SIN DUDA SI HA SIDO TERRIBLE PADRASTRO PARA TODO pues con esta sombra también en temporal, y espiritual se ha hecho mucha guerra al obispo mi señor.

---

84 Se trata del Conde de Salvatierra, García Sarmiento de Sotomayor y Luna, segundo conde de Salvatierra.

(Continuará)

Fuentes de las imágenes:

1) Pintura del artista poblano del siglo XVII Miguel de Zendejas en el Oratorio de San Felipe Neri. Catedrales e Iglesias. Arquitectura de Puebla, Flickr.
2) Juan de Palafox y Mendoza. Wikimedia Commons
3) García Sarmiento de Sotomayor y Luna, II Conde de Salvatierra. México 2010.

12. Otra vez William Lamport y la Biblioteca Digital Mexicana
marzo 30, 2011

Representación de William Lamport

Ayer recibí una excelente noticia: la Biblioteca Digital Mexicana http://bdmx.mx/ publicó una proclama escrita por William Lamport antes de ser "destinado" a los calabozos inquisitoriales mexicanos por allá en 1642.

¿Qué es la biblioteca digital mexicana? un importante proyecto de digitalización de documentos fundamentales para la historia de México, en colaboración con el proyecto internacional de la Biblioteca Digital Mundial. Es muy loable este nuevo esfuerzo que ayuda a la democratización del conocimiento y muy en particular, facilita el acceso de los investigadores a materiales que muchas veces no están al alcance de su mano. En mi caso específico, hace ya varios años tuve en mente dar una "vuelta" por Monterrey, pero el tiempo no estuvo a mi favor. Así, me resigné a trabajar con la información fragmentada que en un libro de 1948 proporcionaba Gabriel Méndez Plancarte sobre este fascinante y atípico documento. Como por estos días estamos privilegiando la crítica política, invitamos a nuestros lectores a visitar el sitio y el documento.

¿De qué se trata esta proclama? Muchos consideran que es la primera propuesta independentista del continente. Quien tuvo en sus manos este documento antes de ser vendido al bibliófilo George Comway escribió así: Guillén Lombardo de Guzmán fue "el primero en concebir e intentar el audaz proyecto de emancipar a México del poder de España". De hecho fue obra del escritor Alberto Lombardo la iniciativa y realización de la colocación de su estatua en la galería de los héroes de la patria que se encuentra en el monumento a la Independencia de la ciudad de México; idea promovida en un opúsculo suyo titulado *Injusticias históricas. Olvido del primero que concibió e intentó la independencia de México.* Yo he insinuado algunas cosas en contrario al respecto en un par de artículos, pues por el lenguaje usado en los fragmentos parecía un acercamiento anacrónico, pero creo que la publicación de este documento nos deparará sorpresas: es mucho más incisivo respecto a la ruptura con España de lo que yo había intuido leyendo los fragmentos. Es un programa fundamentado y probablemente hacía parte de un plan conspirativo, en donde Lamport no estaba solo, tal como lo ha señalado el profesor italiano Fabio Troncarelli en su libro *La spada e la croce*. Sin embargo, contiene una gran cantidad de referencias monarquistas que lo hacen ambiguo y poco claro, como mostraremos adelante.

De cualquier manera, amerita un estudio en profundidad y una comparación con otros casos en donde varios personajes hicieron propuestas radicales similares -contemporáneas o precedentes- a las del irlandés: el de Pedro Bohorques de quien existe un magnifico estudio de Ana María Lorandi, el de Don Diego de Peñaloza o el de Fray Francisco de la Cruz. He aquí un párrafo fundamental y complejo: se habla de ruptura pero también existe una propuesta de elegir nuevo rey: habla en plural de un *nosotros* que no se entiende a qué sujeto (s) se refiere, ¿A los nobles, a los criollos?, ¿A una nación europea? Por ahora, fijemos la atención en las palabras de Lamport:

"También hay otros fundamentos, casi tan precisos y aún más, para obligar a todos *a deponer los reyes de Castilla de estos reinos*, admitido ya que fuesen legítimos poseedores de ellos, lo que nunca fueron ni podrán ser, aun haciendo la misma deligencia que agora nosotros, porque siempre en lo moral se reputara por violenta (como los que mandan) cualquiera deligencia aparente que hicieran. Y es cierto que si dejara en la elección libre de los naturales de estos reinos el escogerlos, o no, de nuevo por su Rey; caso que echaran mano de otro, procurarán de nuevo sujetarlos por armas y quedando siempre en pie su injusticia. Lo que en *nosotros* no tiene verosímil ni consistencia igual, por cuanto mediante el consentimiento de los propios naturales, que son los que solamente en esta elección tienen voto substancial como propietarios, y todos los demás son no más que accidentales, y adyacentes, *seremos elegidos con toda equidad y espontáneo consentimiento general, dándonos la posesión y el dominio como en agradecimiento de restituirles a su libertad y a su derecho antiguo*".[85]

Más adelante, empieza a justificar la asunción del cargo real en su persona, relatando sus orígenes nobles e incluso contando los avatares de su nacimiento: habría sido hijo ilegítimo de Felipe III. Son justamente los elementos que han sido tomados como anecdóticos, los que nos llevarán a contextualizar este tipo de manifiestos y a no apresurarnos a identificarlos como proclamas independentistas del tipo de las de 1810. No obstante, es un documento con un importante valor intrínseco, en tanto propone abiertamente el desconocimiento de la autoridad y de la legitimidad de la Corona castellana sobre los territorios conquistados en 1492.

Apreciamos el título que la Biblioteca Digital ha escogido para este documento: Proclama por la liberación de la Nueva España:

---

85 Biblioteca Digital Mexicana, William Lamport. Proclama por la liberación de la Nueva España, f.41r. http://bdmx.mx/manuscritos_proclama.php

es cuidadoso y no lleva a perpetuar el lugar común que existe alrededor de la figura del irlandés William Lamport.

Fuente de la imagen:

Ilustración de Guillermo de Gante en Silva Prada, Natalia, *William Lamport, Rey de las Américas y Emperador de los mexicanos*. México, Universidad Autónoma Metropolitana, 2009, p.29.

2 comentarios a "Otra vez William Lamport y la Biblioteca Digital Mexicana"

1. Juan Manuel V. Muñoz el 31/03/2011 a las 7:12 AM

Es una entrada muy interesante. Sin embargo, aún me quedan algunas dudas sobre William Lamport. Hace algún tiempo encontré información muy ambigua que decía que era un pirata que asolaba algunas regiones del Pacífico. En caso de que esto fuera así: ¿Qué relación tendría su condición de pirata con su proclama? ¿Será que por ese motivo sus ideas eran ambiguas al momento de sugerir una separación entre Nueva España con la metrópoli? Le agradecería más información interesante que pueda aclararme un poco más al respecto. Saludos.

2. Natalia Silva el 01/04/2011 a las 9:10 AM

¿Lamport pirata? Bueno, primero que todo hay que saber que sobre este enigmático personaje se han escrito tantas cosas legendarias que habrá que reescribir su historia de nuevo, sumado al movimiento telemático en donde últimamente vemos aparecer periódicamente cualquier cantidad de imprecisiones. La historia sobre su vida como pirata la cuenta él mismo a los inquisidores e incluso algún dato trasluce en su proclama. Si fungió como pirata no fue ciertamente en el Pacífico. Parece más bien un hecho fortuito ocurrido en su viaje desde Inglaterra a España realizado por órdenes de su padre (la verdad es que debió huir de Inglaterra por un panfleto comprometedor que habría escrito contra la Corona inglesa y vinculado a la causa irlandesa, recordemos que era la época de la lucha de protestantes contra católicos). Nos encontramos entonces en pleno Atlántico. En el camino fue hecho prisionero por cinco galeones piratas, los cuales pelearon contra la armada de Holanda, muriendo en una batalla el general de los galeones. Dice que entonces como parte de una "treta" (estrategia) fue él nombrado capitán. Lo curioso del asunto es que para ese momento Lamport sólo contaba con 11 años de edad. Habría batallado (forzadamente) con esos piratas por 3 años, pasando a Noruega (estamos entonces en el Mar del Norte) y posteriormente a la Rochela en Francia (otra vez en el Atlántico). En ese momento se aliaría con el rey de Francia para luchar contra los herejes que habían tomado la Rochela. Llegado a Galicia redujo a otros galeones piratas (para ese entonces él ya no estaría actuando como pirata) y sería el momento en el que se puso al servicio del rey Felipe III de España y contribuyó a la conversión de muchos "herejes" (no católicos). Su vida en España comienza entonces a los 14 años. Si nos centramos en lo que significó la Guerra de los treinta años en Europa, los relatos de Lamport no parecen descabellados. El periodo coincide y se dice que en esta guerra se usaron mercenarios de forma generalizada. También emerge el inicial conflicto religioso que dio origen a este enfrentamiento: la lucha entre reformistas y contrarreformistas. El año en el que habría sido preso por los piratas (1626), es el del comienzo de la guerra de Holanda, una de cuyas batallas presenció el irlandés. Según Fabio Troncarelli, Lamport niño como jefe de un galeón pirata era un asunto simbólico y ha comprobado que otros piratas contemporáneos eran igualmente, muy jóvenes. También arguye que de cualquier manera no era fácil recibir un nombramiento del género y que eso habría ocurrido por sus vínculos familiares. Para comenzar, este autor hipotiza que William no habría sido capturado sino que tal vez había decidido unirse voluntariamente a los piratas que conocían la fama de su familia (para esto te dirijo al libro de Troncarelli en el que se explica la saga familiar y acciones de tíos y abuelos en la causa irlandesa). La segunda parte de la pregunta es compleja. No es que su vida como pirata, por otra parte muy corta, haya incidido en su personalidad y decisiones. Más bien se trataría de entender la mentalidad del hombre renacentista y los valores de la época. Pero aquí tenemos una materia complicada y fuente de debates. La idea de liberación de un pueblo oprimido hunde sus raíces en el utopismo altomoderno y la idea de cambio es diversa: remover los símbolos de la opresión (los reyes castellanos y sus funcionarios) pero restaurar un orden con un esquema similar en donde habrían nuevos reyes y nuevas jerarquías. Bibliografía recomendada para el tema de la piratería: Fabio Troncarelli, "I Leoni del mare. I Lamport di Ballycrinnegan, pirati e patrioti" en Irlanda y la monarquía hispánica: Kinsale 1601-2001. Guerra, política, exilio y religión. Madrid, 2002.

13. Una piedra en el zapato: Continuación del Papel de Antonio de Peralta
abril 1, 2011

La semana anterior publicamos la primera parte del papel injurioso de Antonio de Peralta contra una gran parte de las autoridades del reino novohispano. Van aquí los capítulos complementarios:

Intercambio de ideas en una botica

6

VINO ESTE PRELADO MUY CONFORME A EL ESTADO QUE TENÍA LA IGLESIA DE MÉXICO CUANDO PEDÍAN SUS EXCESOS MUY CUIDADOSA INFORMACIÓN

7

Ha obrado mucho a la mala disposición de todo la condición de el Arzobispo, que cuando de sus años y experiencia se esperaban, MUCHOS DESENGAÑOS Y BUENAS TERCERÍAS con que ayudase mucho así a la paz, en lo seglar, como en la reformación a lo eclesiástico, SE LADEA DE EL TODO, CON EL VIRREY Y CON LOS FRAILES QUE SON LOS

PADRASTROS DE LA JURISDICCIÓN, Y AUTORIDAD ECLESIÁSTICA Y DE LAS CONVENIENCIAS DE LOS PRELADOS.

8

EL SEÑOR ARZOBISPO GUSTA DEL DINERO, Y DEL REGALO, COMO SI FUERA DE VEINTE Y CINCO AÑOS, LOS FRAILES SON IMPLACABLES, ENEMIGOS DE MI AMO Y DERRAMAN SIN DOLO, el Reino está afligido y miserable y clamando porque los gobierne don Juan de Palafox, reconociendo que no tiene sustancia para otros tres años de virrey como este.

9

LA INQUISICIÓN NO DESEA JUSTICIA, PORQUE LA TEMEN POR SU COSA Y YA NO LA TENIEN [SIC: TIENEN] REMITIDA A QUIEN ESTÁ COMO LA CRUZADA A QUIEN SUCEDE LO MISMO. LA INQUISICIÓN, SERÍA COSA PROLIJISIMA DECIR EL ESTADO QUE TIENE, POR HABERSE OFRECIDO ESTOS AÑOS PRESA DE INNUMERABLE CANTIDAD DE PORTUGUESES, QUE TIENE PRESOS DE GRUESÍSIMAS HACIENDAS

10

LA CRUZADA NO ES PARA DECIR LO QUE HACE y ahora viene por su visitador el obispo de Mechoacán (fraile) hermano de Ramírez de Prado, DE QUIEN HUBIERA QUE DECIR UN AÑO.

11

Los oidores ven cada día dos brazos levantados uno con el rigor, y otro con la comodidad y en profesando entereza, alguno es bueno para comisión de fuera.

12

En orden a burlas de algunos órdenes de gobierno que el obispo mi señor dio en México se han hecho muchos excesos, así en conventos de monjas como de religiosos, DESCOMPUESTÍSIMOS Y PÚBLICOS CONVITES DE FRAILES A LOS VIRREYES CON REPRESENTACIONES INDECENTÍSIMAS Y CONCLUSIONES DE FRAILES, CON DESHONESTIDADES ESCANDALOSAS.

13

En México le echan menos, más donde fueron mayores y menos esperadas las reformaciones como en conventos de monjas donde llora y mucho la relajación a que han vuelto, en que había mucho que decir y confieso señor que todo lo dicho se saca una consecuencia muy terrible que todos son malos si no es don Juan de Palafox y que ninguno gobierna bien sino el, pero quien lo ve, no puede dejar de concederlo y yo por esto no digo que se le entriegue todo el gobierno sino que quisiera ver que todas las raíces de donde nace el ser perjudicial al servicio de Dios y de el Rey y de este Reino, EL DINERO EN LOS FRAILES, LA CODICIA EN LOS VIRREYES Y EN TENIENDO MUJERES ES IMPOSIBLE QUE CON ESTO LOS FRAILES SEAN RELIGIOSOS, y el Reino no ha menester otra visita, porque si el virrey es recto el oidor y el alcalde son atentos; Los tribunales tienen vergüenza los alcaldes mayores miedo y el Pueblo modestia sino que el que peor obra en su oficio ese goza mayores aplausos.

14

Como será buen alcalde mayor, el que compra el oficio por diez mil pesos, otros dos gasta en despachos, y ocho en su sustento y en dos años ha de sacer esto de el oficio y caudal para poder comprar otro, y como le castigará, quien le invió a esto fuera facilima [sic: facilísima] cosa, referir a vuestra señoría muchos ejemplares públicos de esto, que lo que es aquí todo, tanto como las mismas personas que lo obran, juzgo que el remedio de este Reino consiste en que mi amo lo gobierne siquiera tres años con que desarraigue, la costumbre de vender los oficios ponga en ellos a los beneméritos, resucite la justicia, y aliente al servicio de Dios y de el Rey y reduzga a estilo cristiano este gobierno.

14. Crítica política en palabras injuriosas: apelación de un irlandés a los justos juicios de Dios
abril 6, 2011

51. Copia da Peter Paul Rubens: Ritratto di giovane capitano.
Francis Wellesley's Collection

Retrato de William Lamport

Título: Declaración de los justos juicios de Dios

Autor: William Lamport (Wexford, Irlanda 1615-Ciudad de México 1659)

Fecha: Elaborado después del 12 de diciembre de 1650

Destinatario: El virrey novohispano Luis Enríquez de Guzmán, conde de Alba de Liste (1650-1653)

Canal de comunicación: entregado por su propia mano al portero del Palacio virreinal, después de fijar pasquines en la ciudad de México.

Tipología: Memorial de denuncia similar a los pasquines fijados en las calles de México el 25 de diciembre de 1650 tras su fuga de la cárcel y fechados en 24 de noviembre del mismo año.

Transcripción del texto hasta ahora inédito: Natalia Silva Prada

Fuente: Archivo Histórico Nacional (Madrid), Inquisición, 1731, expediente 53, fols.21r-23v.

Este escrito, muy similar a sus pasquines, fue entregado por el propio Lamport al portero de Palacio haciéndose pasar por un emisario del correo de La Habana. La idea de Lamport era dar a conocer al mundo los crímenes de los inquisidores a quienes llama "monstruos" y "facinerosos del secreto". Las denuncias son muy similares a las que se encuentran en los pasquines, pero este texto es mucho menos injurioso de aquellos que colocó en las paredes de la ciudad de México, uno de los cuales fue transcrito en su totalidad por Vicente Riva Palacio en su novela, Memorias de un Impostor y que hemos estudiado en "Placer y dolor en la escritura de reclamo político: Cartas, pasquines y otras especies novohispanas del siglo XVII" (ya citado en otras entradas).

Resulta de gran interés comparar el contenido de estas denuncias con las que veíamos en el Papel del canónigo Peralta, escrito cuatro años antes y cuando ya William Lamport se encontraba en los calabozos inquisitoriales.

En este documento los lectores encontrarán un sorprendente milagro acaecido en las mazmorras del Santo Oficio y protagonizado por el terrible inquisidor Juan de Mañozca y Zamora, quien buscando reparar sus culpas en vida, se aparece ante un condenado pocas horas después de su muerte, esto, claro está, según su impugnador. Los invito a traspasar las lógicas del tiempo, retrocediendo varios siglos para apreciar mejor lo que aquí leerán:

f.21r. Declaración de los justos juicios de Dios

Excelentísimo Señor

Yo Don Guillén Lombardo revocando el emplazamiento que hice de mis agravios ante el justo tribunal de Dios protesto en su presencia soberana en la de los ángeles y hombres que no emplacé a los dichos mis contrarios siendo tan inicuos para que Dios nuestro Señor les castigue en la otra vida sino para su enmienda dellos en esta por los horrores cometidos suyos con capa del secreto y religión y para que venga a noticia de todos Digo, que yo emplacé el año de cuarenta y tres a Domingo de Argos difunto inquisidor que fue de México según consta por escrito en mis cuadernos en dicho tribunal y otra vez en mis descargos emplacé a todos los demás que son y fueron cómplices y causas de mis agravios y aleve muerte como consta de mi proceso de mi letra y mano fecho en el mes del febrero del año de cuarenta y nueve y habiendo sido uno dellos y principal autor el arzobispo de México don Juan de Mañozca como visitador que fue de dicha inquisición no solo, ocultó los horrores abominables de los dichos inquisidores sino

Condenado por la Inquisición

f.21v. que cometió con ellos los mismos dolos como está patente y llamó algunos presos el mes de noviembre y diciembre y antes para hacerse el auto general y atroz estando oprimidos en poder de sus aleves enemigos que eran jueces y partes oprimiendo a los míseros y impidiendo que declarasen los fraudes, atrocidades, desesperaciones, felonías, apostasías, latrocinios y más delictos de los dichos inquisidores sirviendo dicha visita solo para mayor aumento de las ofensas de Dios y engaños del mundo cometidos con pretexto del secreto y religión y porque los dichos facinerosos del secreto sabían cómo consta del proceso aleve que contra mi fraguaron y por los cuadernos míos que no solo defendía la pureza de nuestra santa fe católica con la vida sino que increpaba sus iniquidades no me llamó el dicho arzobispo receloso de que a ellos no les condenara en las penas de muerte y herejías que habían incurrido y eran

Auto de fe

f.22r. notorias en dichos mis escritos ni a él le redarguiera por inicuo pues no guardaba amago de justicia ni verdad más antes horror opuesto a la divina majestad y humana, urdiendo todos sus atrocidades sin conocimiento de Dios ni temor de sus castigos por cuya causa permitió que dicho arzobispo se me apareciese emplazado como apareció a media noche doce del mes de diciembre deste presente año de cincuenta en que dijo había fallecido antes de las ocho aquella misma noche entró en dicha mi prisión envuelto en llamaradas y Diego Pinto también sin causa inicuamente con muerte oprimido en dicha prisión atroz que estaba conmigo quedó sin sentido y como muerto del horror y miedo, y entre otras cosas que no se pueden revelar por justos juicios del Cielo declaro lo susodicho mandándome que pregonara al mundo este voraz delito suyo y dellos y lo demás tocante a esto y lo que yo sabía tan ofensivo en ellos contra derecho ajena...

f.22v. por mayor si por extenso a su tiempo y que lo presentara todo ante justicia mayor para la primera vía que se me ofreciera sin dilatarlo un instante y por edictos esto divulgara así y que él por permisión del cielo vendría a su tiempo y me sacaría venciendo estancos sin que pavor ninguno me asaltase.

Entonces vestí mis carnes en solo huesos y la piel ligadas con un cilicio de tejida palma pidiendo a Dios su misericordia santa en oración mi alma se ocupaba y destilé mi llanto hasta el suelo, castigué mi cuerpo con ovinos y trabuqué las noches desvelado desueltro? mis cabellos mi rostro y mi cuerpo con ceniza cubro. Vestido sin reposo reposaba a veces lo que la naturaleza obligaba. Usé por cabecera un leño y por lecho tablas con pan con ceniza y mi comida con ceniza como mezclé con llanto a veces mi bebida fría mi boca y paladar con amargura

82

atormentaba y ante Dios mis pobres peticiones también escritas postré con querido obsequio mi miseria pudo y mi dolor

f.23r. funesto; testigos son los ángeles y Diego Pinto es testigo que lo vio absorto volviendo pues el dicho arzobispo esta noche pidió señal con que viera el mundo como Dios me sacó para efectos que su bondad permite: desgajó en un instante rejas arrancó hierros dejando abrasadas las maderas y con uno dellos encendido con la calor de su mano cortó de mi tarima un retazo en un minuto: pulió vigas que están flamantes las astillas dellas hizo escala para que sin temor de impulso caminara, lió mi ropa, descuaderné estancos de otras dos rejas y de puertas porque se viera en todo que pudo más en un instante que la potencia corporal en tantos años; remito a la vista de vuestra excelencia y de todos los originales antes que amanezca que se vean y antes que la sombra falaz del secreto los oculte y desmienta pues hace crédulo al mundo que la misma fe en los fieles es error intentando hasta agora vendar los ojos al mismo Dios como los vendan a los hombres: y todo se permite por divino acuerdo porque todos cargan sobre sí y se recelen del furor

f.23v. divino desviándose de la malicia fraude y tiranía. Viniendo bien como morir mal y pena en cuya conformidad presento a Vuestra Excelencia todo para que luego mande prender a los dichos monstruos de dicha inquisición: Estrada, Mañozca, Higuera, Saravia, Erenchún, alguaciles, alcaides, porteros y después sus cómplices con su fiscal que todos están condenados de traición contra la divina y humana majestad por los instrumentos que están a la vista en sus archivos secretos y se ha tomado por fe y testimonio de haberse entregado este pliego al portador persona de su casa para que se entregue a vuestra excelencia para ejecutar antes que amanezca lo que en ello se contiene para honra y gloria de Dios bendito en sus eternos juicios y clemencias santas y en servicio del rey nuestro señor que Dios guarde y vista la ejecución en Vuestra Excelencia de lo que Dios manda luego le diré lo que soy mandado en premio de Vuestra Excelencia. Don Guillén Lombardo.

Fuente del retrato de William Lamport:

Troncarelli, Fabio, "Ritratti di Guillén Lombardo" en Bulletin du Musée Hongrois des Beaux-Arts, n. 92-93 (2000), p.90.

Fuente de las otras dos estampas: Biblioteca Gallica. Biblioteca Nacional de Francia.

15. Nuevo Vitral Monográfico y Nueva Reseña
abril 7, 2011

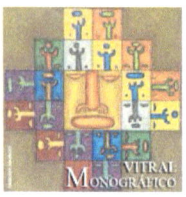

http://www.filo.uba.ar/contenidos/investigacion/institutos/ravignani/prohal/Vitral_MonoN2/resenas2.html

La revista en línea "Vitral monográfico" acaba de publicar su segundo dossier. Esta publicación es un esfuerzo de varios colegas de la Universidad de Buenos Aires y del instituto Ravignani por difundir investigaciones del área hispanoamericana orientadas a los estudios sociorreligiosos.

Los invito a leer una reseña de autoría de Candela de Lucca incluida en este número y dedicada a mi libro *La política de una rebelión*.

Celebramos el esfuerzo de este tipo de publicaciones en los que se ha logrado el intercambio académico más allá de las fronteras nacionales.

El próximo número monográfico tratará sobre Profecías y prácticas sociorreligiosas en el cual también colaboraré.

16. *Il Gobbo di Rialto*: Una escultura muy locuaz
abril 12, 2011

Gobbo di Rialto

En días pasados tuve la oportunidad de 'escaparme' cuatro días a Venecia (desde Torino). Una de mis metas era encontrarme con el famoso "Gobbo di Rialto", escultura con una historia propia y muy intensa en los siglos XVI y XVII.

El llamado jorobado de Rialto tenía un lugar notable en la vida veneciana. Fue esculpida en granito por Pietro di Saló en 1541 y representa a un hombre muy agachado que sostiene una escalera sobre su espalda; de esta imagen deviene el nombre popular. Está ubicada en una esquina de la plaza San Giacomo, frente a la iglesia del mismo nombre, la más antigua de Venecia, y al margen del famoso puente del Rialto. Esta escultura ya era llamada así alrededor de 1550.

Natalia Silva junto a la escultura del *gobbo*

¿Pero qué de particular tiene esta curiosa estatua? Pues que se convirtió en la favorita de los pasquinistas venecianos, quienes la

85

utilizaron de manera homóloga al famoso Pasquino de Roma, es decir, para pegarle los sonetos e injurias satíricas impresas y manuscritas, muchas de las cuales eran firmadas por el propio "Gobbo" y dirigidos contra personajes públicos e incluso contra prostitutas. Esta función se habría reforzado en el siglo XVII.

Originalmente sirvió a las autoridades para proclamar desde la parte alta de la escalera las leyes y ordenanzas de la República veneciana pero también cuentan las crónicas del siglo XVI que era un lugar de referencia para los condenados. Allí llegaban corriendo los ajusticiados, quienes desde la plaza de San Marco eran latigados por los pobladores. El suplicio terminaba con el beso a la estatua.

Era una de las varias estatuas "parlantes" de Italia (como Pasquino, Marforio o Madama Lucrezia) y su nombre tiene una interesante relación con su función, ya que en aquellas épocas tratar a alguien de "gobbo" era insultarle, tan insultante como lo era el contenido de los carteles satíricos. Muchos de estos pasquines se perdieron para siempre pero otros tantos fueron recuperados en diversos textos del periodo moderno.

Estatua de Pasquino en Roma
Representación de 1680

Fue común la dinámica de hacer hablar a las estatuas entre sí y hay varios vestigios de los desafíos entre *Pasquino* y el *Gobbo*, los cuales se convirtieron en antagonistas. En una de ellas este contesta así a Pasquino:

Tengo el diablo atrapado en la joroba
Estoy marcado por Dios, que esto te baste
Por sabiduría y comparación de mi metal

Soy bueno para encontrarte los trastes [*referido a la parte del instrumento musical]
Soy bueno para entrar, soy bueno para salir del baile [...][86]

Bibliografía de apoyo:

Antonio Marzo, "Pasquino e il Gobbo di Rialto" en *Ex-Marmore. Pasquini, pasquinisti, pasquinate nell'Europa moderna*, 2005.

Filippo de Vivo, *Information and Communication in Venice. Rethinking Modern Politics*, 2007.

E. Volpi, *Storie intime di Venezia repubblica*, 1893.

Fuente de las imágenes:

Natalia Silva Prada (Il Gobbo) y Riccardo Forte (Autora del blog).

Pasquino: Grabado de J. von Sandrart, "Sculpturae veteris admiranda", Nüremberg, 1680.

17. El Blog de Historia: del aula virtual a la Universidad
abril 13, 2011

---

86 La traducción del texto en italiano es mía.

Esta entrada se origina en una petición directa realizada por la profesora Javiera Carmona de la Universidad Andrés Bello de Chile, en donde ella imparte una materia sobre el uso de plataformas electrónicas en el trabajo historiográfico. Mi blog ha servido para las primeras discusiones de la materia debido a que coincide con el periodo y temática del curso en donde se ubica esta reflexión: Descubrimiento, conquista de América y colonia temprana.

Pues bien, ellos solicitan mi opinión sobre las ventajas, límites y perspectivas del uso de estas plataformas, en mi nueva condición de "bloguera historiadora". Creo que es muy pronto para definirme como tal, pero digamos que estoy en el proceso de configurar una nueva veta del trabajo como historiadora: una nueva forma de acercarme al proceso de difusión de la historia.

Estas reflexiones van dirigidas, sobre todo, a los escépticos, pues los entusiastas me imagino que hace tiempo perciben las ventajas de este tipo de comunicación.

En el corto tiempo que llevo en estas lides (muy pocos meses) he apreciado un fuerte interés por la lectura de materiales novedosos, tanto entre un público académico como entre el resto del común de los mortales (muchos de ellos son obviamente mis amigos de Facebook). En general, he podido constatar que la gente aprecia la participación que podamos permitir de acceso al conocimiento, sea de tipo informativo o formativo.

Yo misma creía que el público sería escaso, sobre todo tratándose de materias tan remotas en el tiempo y que en general son las menos cultivadas por nuestros estudiantes en proceso de convertirse en historiadores; por lo menos esa es mi experiencia después de trece años como docente universitaria: aunque el mundo "colonial" atraía a muchos, a la hora de hacer sus tesinas de licenciatura o tesis de posgrado, muy pocos se acercaban a mi cubículo. Muchos argumentaban la dificultad de la lectura de las fuentes [...] y hasta mi severidad, pero bueno, esa es otra historia.

Yo puedo apreciar que a pesar de las limitaciones que supone el periodo y temática de mi blog, las estadísticas están mostrando un amplio y creciente interés y sobre todo la existencia de un público lector interesado. En los cuatro meses en que este blog se ha fortalecido leo que por cada entrada existen entre 50 y 100 lectores en promedio, o al menos, gente que ha clicado sobre ellas (al menos por pura curiosidad). Esto nos da hasta este momento un total de 3278 visitas, como lo registra el contador, de las cuales puedo asegurar que la mayor parte de esa cifra se ha acumulado en los meses que de 2011 han corrido: menos de cuatro. Suma nada despreciable si pensamos que en los trece años en que impartí continuadamente cursos trimestrales estuvieron sentados frente a mí unos 2340 estudiantes, muchos de los cuales eran alumnos frecuentes de las diversas materias que enseñaba.

La actual difusión y aumento de blogs que fomentan temáticas históricas es mínima comparada con otros ámbitos del conocimiento y la diversión, pero es así mismo llamativa. Sin hacer una gran investigación podemos mencionar un buen número de ellos, administrados por historiadores con una amplia trayectoria como docentes e investigadores. Hay otros administrados por estudiantes de historia, sobre todo por aquellos que están realizando sus posgrados. Entonces, los hay desde institucionales, como el de la *American Historical Association* hasta los artesanales, de quienes robamos esquinas de tiempo al tiempo para escribir algunas notas. Sin embargo, un blog serio puede convertirse en un trabajo en sí mismo, como lo vengo constatando.

Si damos un vistazo a estos blogs nos cuestionamos necesariamente acerca del por qué de su rápida difusión: Cliótropos, Clionáutica, Clionauta, El espejo de Clío, Historia Abierta, Cuaderno de notas, Blogósfera, Teachinghistory.org, Nuevo Mundo Radar, etc.... ¿Se trata acaso de una necesidad? Es muy probable que sí. Mi experiencia particular está vinculada a la frustración que me producía la imagen de nuestros libros arrumados en las librerías, la inexistencia de ellos en muchas bibliotecas, su ausencia en librerías regionales, el desconocimiento de nuestros colegas y estudiantes respecto a nuestras propias publicaciones, la ausencia de intercambio académico real, la apatía general y el ensimismamiento individual.

Algunos de los escritores de estos blogs nos han participado las inquietudes que abren esta entrada y que no se han publicado sólo en este medio electrónico sino que vienen apareciendo también en publicaciones periódicas científicas de las primeras décadas del siglo XXI. Incluso este mismo año tendrá lugar un congreso internacional sobre el uso de tecnologías digitales en la enseñanza de la historia.

Retomo una pregunta que considero resumiría las inquietudes acerca del uso de las plataformas electrónicas en la enseñanza de la historia y en el trabajo historiográfico en general, del director de la *American Historical Association*, Jim Grossman:

"¿Por qué asumir que el mejor modo de comunicación se da siempre a través del texto en papel?"

Esta pregunta nos enfrenta con un problema que ha estado presente a lo largo de la historia de la humanidad: la aceptación o rechazo de las innovaciones. Aquí nos encontramos ante el mismo dilema. El gran cambio lo supone la mediación que entre el investigador y el conocimiento ejerce el mundo digital. Sin embargo, sería solo una más de las fuentes informativas que se sumaría al inmenso caudal de información que debemos estar preparados para buscar, analizar y utilizar. Como otra de las fuentes del historiador, debe ser sometido a exégesis, es decir, no nos proporciona el conocimiento en sí mismo sino que nos ayuda a construir ese conocimiento. Puedo retomar aquí también la reflexión que hace un tiempo escribí en una respuesta a uno los comentarios del blog "Los reinos de las Indias" a raíz de la pregunta de una escéptica exalumna mía:

> "Le auguramos a este medio de difusión del conocimiento que en el futuro tenga el reconocimiento que hoy en día ya tienen las revistas electrónicas. Hace un tiempo las publicaciones digitales también eran vistas con sospecha y no muy apreciadas en el ámbito académico, pero a la vuelta de pocos años se han posicionado y ganado un importante espacio, al punto de convertirse en herramientas más leídas que las que antes eran consideradas prestigiosas. La diferencia es el medio de difusión: reemplazamos el papel por la electrónica y la comunicación se ha vuelto exponencialmente más rápida. Ventaja: el acceso al conocimiento actualizado es cada vez más posible. Eliminamos los largos tiempos entre la producción del texto y su difusión. Robert Darnton abogaba ya hace años por esta práctica y comentaba que sus ideas no eran muy bien recibidas. Hoy resulta muy natural la publicación de tesis, artículos y libros en formato electrónico".[87]

Y agregamos: cada día un mayor número de archivos se concientiza de la importancia de la democratización de las fuentes, poniendo a disposición del público, imágenes digitales de textos originales e incluso transcripciones de los mismos.

Retomo aquí también las simpáticas palabras de mi colega Felipe Castro Gutiérrez, quien ya desde el subtítulo de su blog "Cliótropos", está enviando un mensaje claro:

"Crónicas del amor (y el desamor) de los historiadores por el mundo virtual".

En su entrada del 13 de marzo de 2009, "Los historiadores, las instituciones y las comunidades virtuales" plantea un movimiento

---

87 Entrada del blog del año 2010.

sin regreso (a pesar de los detractores) en donde pueden aprehenderse las ventajas, límites (muy pocos) y perspectivas del mundo digital:

> "Los historiadores somos razonables analistas del pasado, pero pésimos profetas. Sin embargo, en muchos aspectos puede decirse que el futuro ya está con nosotros, sólo que no nos hemos dado cuenta. Hay cada vez más ejemplos de que los espacios de trabajo, comunicación, discusión y publicación- del futuro cercano tendrán una naturaleza más "virtual" que institucional".[88]

Para resumir, creo que en general hay más ventajas que desventajas y que las limitaciones dependen como antes, de la calidad del conocimiento que se publica. Entre las ventajas, podemos mencionar las siguientes:

-Acceso mayor a las fuentes primarias mediante información de la difusión de esas fuentes como a través de la difusión de los archivos digitales,

-Circulación de nuevas ideas que propician la ampliación de los temas de interés y la renovación del conocimiento, es decir, un proceso completo de retroalimentación (como el que se está dando en este preciso momento entre los alumnos de la Universidad Andrés Bello de Chile, la docente y yo)

-Creación de redes académicas afines entre colegas y estudiantes de cualquier lugar del mundo,

-Difusión de nuestras propias investigaciones salvando los obstáculos del tiempo y del espacio,

-Integración de la tecnología nueva a las propias metodologías de investigación,

---

88 Felipe Castro Gutiérrez, Blog Cliótropos, entrada del 13 de marzo de 2009.

-Democratización del conocimiento, muy útil en aquellos países en donde existe la censura institucional (pienso en Venezuela o en Cuba actualmente...).

La desventaja que ahora viene a mi mente es la facilidad que muchos encuentran para no crear conocimiento propio, es decir, ofrece a los deshonestos la posibilidad de plagiar más fácilmente que en el pasado. Y léase, más fácilmente, es decir, no es que antes no ocurrieran este tipo de fenómenos. La gran ventaja: el acceso rápido y actualizado a la información, de donde devendría una desventaja más para los perezosos: ahora nadie puede justificar su ignorancia en la imposibilidad de acceder a los libros, archivos o publicaciones periódicas por el hecho de vivir en un rincón perdido del planeta (pienso en mi Bucaramanga natal a finales de los años ochenta del siglo pasado, cuando nos tocaba encargar los libros de historia a Bogotá). El mundo virtual hace cada día más factible la posibilidad del conocimiento global que ahora llega hasta esas esquinas desde las cuales también es posible ser visto.

Imagen: Tomada del blog "Bitelia".

18. Crítica religiosa en palabras injuriosas: mandamientos para una orden no tan santa
abril 17, 2011

Moisés con las tablas de la ley

Para ponernos a tono con el periodo pascual de este mes de abril comenzaremos a reproducir una tipología del pasquinismo, la catequética. A partir de la utilización de oraciones y leyes católicas, muchas órdenes monásticas dirimieron sus conflictos entre sí o desde afuera, sirviéndose de padrenuestros o como en este caso, de los diez mandamientos. Desafortunadamente, en el caso aquí citado no tenemos elementos para contextualizarlo, pues solo poseemos la copia de una hoja suelta del Archivo General de la Nación de México. Sin embargo, quienes lo catalogaron le asignaron como fecha de producción el año de 1604 y como lugar de origen, Michoacán.

Sobre la utilización de las oraciones cristianas como soportes para la sátira, nos dice Salvador Bernabéu Albert que se remontan a la Edad Media, pero que es en los siglos XVI y XVII cuando van a gozar de una gran popularidad, extendiéndose al siglo de la Ilustración. De forma heterodoxa se recitaban padrenuestros, mandamientos, letanías, credos y avemarías.

Veamos entonces, cómo la glosa de los Mandamientos de la ley de Dios sirvió para criticar la conducta de los frailes franciscanos que tenían fama de santos y buenos misioneros en el siglo XVI, pero que según este documento, están ya acusando una profunda relajación en sus costumbres y una tiranía en la forma de relación con el prójimo apenas comenzando el siglo XVII.[89]

---

89 Un portugués en la Nueva España fue condenado a la hoguera por denuncias contra la orden franciscana unos años después de que apareciera esta glosa. La reconstrucción de su vida y sus denuncias pueden consultarse en Natalia Silva Prada, ""Con piel de oveja en lo exterior y siendo lobo rapante": Juan Gómez, un portugués común transformado en profeta eremita (ca.1605-1659) en PROHAL MONOGRÁFICO, Revista del Programa de Historia de América Latina. Vol. 3. Primera Sección: Vitral Monográfico Nro. 3. Instituto Ravignani, Facultad de Filosofía y Letras, Universidad de Buenos Aires. Buenos Aires, 2012, p. 70-106.
http://www.filo.uba.ar/contenidos/investigacion/institutos/ravignani/prohal/Vitral_Mono_N3/dossier_profecias_y_practicas_socio_religiosas.html

Fuente: Archivo General de la Nación (México), Inquisición, vol. 368, exp.12, fol.65

Fecha: 1604 según descripción catalográfica

Autor: ¿?/ En la descripción del archivo dice que es de Michoacán

Transcripción: Natalia Silva Prada

San Francisco pintado por Zurbarán

"[Señal de la Cruz]

En el obispado de Nueva Galicia se ha publicado contra los religiosos de la orden del seráfico señor San Francisco el libelo siguiente en forma de Mandamientos:

LIBELO (primera frase)/ MANDAMIENTOS[90] en documento Medieval (siglo XIII) (frase inmediata debajo y entre corchetes)

El primer mandamiento, tener casa y guardianía a su contento,
[Adorar al único Dios verdadero]

---

90 Esta parte la añado con el fin de comparar las frases del Padrenuestro satírico con las del Padrenuestro real.

El segundo, revolver con ella el mundo,
[No jurar el nombre de Dios en vano]

El tercero, que sea de regalo y de dinero,
[Santificar el día domingo y las fiestas]

El cuarto, tener el refectorio harto,
[Honrarás a tu padre y a tu madre]

El quinto procurar aflorar el cinto,
[No matarás]

El sexto, poner en quebrantarlo, el resto
[No fornicarás]

El seterio, no creer que hay nada ajeno,
[No robarás]

El octavo armar al corregidor un pleito bravo,
[No dirás falso testimonio]

El nono, mudar a cada paso el tono,
[No codiciarás los bienes de otros cristianos]

El deceno, buscar la muchacha del parecer más bueno
[No codiciarás la mujer de otros cristianos]"

El libelo acababa así:

"Estos diez mandamientos se encierran en dos, ni vergüenza al mundo ni temor de Dios".

Como los diez mandamientos -retomando a San Mateo- añaden, estos diez mandamientos se encierran en dos; amarás a Dios sobre todas las cosas y al prójimo como a tí mismo.

Para no incumplir el tercer mandamiento, los dejaré por unos días para santificar las fiestas y regresaré con ustedes después de la Semana Santa. ¡Buena Pascua!

Referencias Bibliográficas:

Salvador Bernabéu Albert, "Más líbranos del mal amén". Oraciones profanas y sátiras en el México ilustrado" en Carlos Alberto González y Enriqueta Vila Vilar (comps.), *Grafías del imaginario. Representaciones culturales en España y América (siglos xvi al xviii)*. México D.F., Fondo de Cultura Económica, 2003.

Enzo Franchini (ed.), *Los diez mandamientos. Publication du Séminaire d'etudes médiévales hispaniques de l'université de Paris XIII*. Paris, Klinsieck, 1992.

Fuente de las imágenes:

1) Moisés con los diez mandamientos de Philippe de Champaigne (1602-1674). Museo El Hermitage de San Petersburgo, Rusia.
2) San Francisco de Zurbarán (colección privada) en exposición del Banco de la República, Bogotá-Colombia, 1998.

3 comentarios a "Crítica religiosa en palabras injuriosas: mandamientos para una orden no tan santa"

1. Licenciado Huerta el 27/04/2011 a las 12:50 AM

Una práctica milenaria que dejaría "frío" a más de un "jacobino" de la Historia; la elegancia de la égloga y la lucha entre religiosos, intereses materiales y la secularización burlona de textos religiosos tal y como se hace todavía hoy y que no pone en predicamento a la mayoría por muy creyentes que sean. Enhorabuena por este gran trabajo archivístico, y muy buen blog.

2. Hugo Santander el 17/04/2011 a las 5:13 PM

¡Qué hermosa tradición Natalia! Y esa vena se oye con frecuencia aun cuando los jóvenes parodian las oraciones cristianas de sus escuelas.

3. Natalia Silva el 17/04/2011 a las 10:15 PM

Fantástico, hemos detectado una práctica con una duración de siglos...

19. Crítica religiosa en versos injuriosos: un Padrenuestro mordaz contra los jesuitas
mayo 6, 2011

San Cayetano de Thiene

Comentábamos en la entrega pasada que el Padrenuestro fue una de las oraciones glosadas para injuriar. Aquí tenemos un ejemplo de uno escrito contra los jesuitas, a quienes en aquellos tiempos la gente conocía como "teatinos". En este Padrenuestro hay una crítica mordaz al amor por el dinero de estos santos padres, el cual rayaba en la rapacidad.

Emergen también, los conflictos alrededor del tema de la Inmaculada Concepción de la Virgen María. Recordemos que este dogma de fe no fue elevado a tal condición sino hasta el siglo XIX. Los jesuitas y dominicos no lo aceptaban, mientras que los franciscanos eran claros defensores de él, de donde podemos imaginar que entre ellos estuvieran él o los autores de esta nada delicada composición poética del siglo XVII en la que se refiere una expulsión de Venecia.

En realidad, Venecia acogió a los primeros teatinos, los doce que formaban la congregación y que huyeron tras el saqueo de Roma en 1527. Posteriormente hubo una expulsión de jesuitas, teatinos y capuchinos provocada por un conflicto jurisdiccional entre el papado y la república veneciana a comienzos del siglo XVII. El anatema fue levantado para teatinos y capuchinos, pero no para los jesuitas, a quienes se les impidió regresar.

Es interesante el uso reiterativo del término teatino en lugar de jesuita. Los teatinos fueron una orden fundada en Roma en 1524 por San Cayetano de Thiene, la cual adquirió muy mala fama. Cuando los jesuitas llegaron a España en el siglo XVI se les asimiló de forma casi inmediata con los teatinos, hasta considerarse que el nombre aludía a la misma orden religiosa. En un dicho español se resume esta mala fama: "eres más marrano que las orejas de un teatino". Marrano por judío y judío por usurero.

Transcripción del original: Natalia Silva Prada

Fuente: AGN de México, Inquisición, vol.486, fol.144r-145r.

Fecha: 1621 (según el catálogo)

Sin lugar de procedencia y de mano desconocida.

Tipología: octavillas de contenido satírico

Autor: desconocido

Dice así el Padrenuestro injurioso:

"Contra el tiatino apero
Hoy a decir mal me obligo
Porque no ha de ser mi amigo
Quien lo fuere del dinero
A Dios perderán de coro
Por el oro solamente
Y esto se ve claramente
Pues que le llaman al oro

Padre Nuestro

En la beatificación
De su beato el padre Ignacio
Se pusieron muy despacio
A hacer esta oración
Nuestro ruego pudo hacer
Padre que os beatificaran
Pero si es verdad reparan
Y nadie quiere creer

Que estás en los cielos

Al gran Thomas quieren mal
Porque la virgen sagrada
Dice fue santificada
De pecado original
Es gente de poca fe
Si no veamos el ejemplo
Pues que de María el temple
No quieren decir que fue

Santificado

Dos monjes y un dominico
Con un tiatino tiraron
A una bolsa más le herraron
Los frailes al blanco rico
Tomó el tiatino el tino
Y a la bolsa le atinó
Y viendo que le acertó
Un fraile dijo teatino

Sea el tu nombre

Las órdenes tienen coro
Más estos lobos hambrientos
Con el eco están contentos
Que se contentan con oro
Si acaso un hombre se muere
Pobre si hay poco que rapar
Le comienzan a rogar

Este dinero que hubiere
Venga a nos

Que son amigos de tierra
Dicen por gran de humildad
Y tíenenle voluntad
Solo porque el oro encierra
Piensan que por suyo está
El cielo con todo aquesto
Pues a Dios dejen aquesto
Señor por mi estará

El tú Reino

Si por milagro sucede
Que el rector que era mandar
Que vayan a confesar
Algún pobre nadie puede
Empero si es algún conde
En pretensión todos andan
Y si alguno se lo mandan
Con gran contento responde

Hágase tu voluntad

Y si acaso no le deja
Su hacienda en testamento
Que lo reboque al momento
Le estimula y aconseja
Y por poderse engañar
Dice de estos dineritos
Dejad a los pobrecitos
Para que puedan pasar

Así en la tierra

Con gran razón y justicia
Los echaron de Venecia
Por aquella furia necia
De su atalante cudicia
Saco desto que son cocos

Aquellos de aquella tierra
Pues le dan perpetua guerra
Y hay en Venecia tan pocos

Como en el cielo

Si ven un hijo de un conde
O de un hombre adinerado
Se lo llevan engañado
Sin saber cómo ni a donde
Y por quitarle el dinero
Les dicen boace será
Jesuita y comer
nuestro gustoso carnero

y el pan nuestro

Danle espléndida comida
Cual persona principal
Para quitarle el real
Que en sus bolsones se anida
Y porque venga después
A ser con ellos teatino
Dicen perdonen que vino
Sin saber lo que esto es

De cada día…"

[Continuará…]

3 comentarios a "Crítica religiosa en versos injuriosos"

1. Victor Gayol el 07/05/2011 a las 3:31 AM

Hace ya varios años, Margit Frenk y Antonio Alatorre compilaron materiales para un número de Artes de México con el tema de la Lírica infantil (Núm. 162, año XX, 1973). Del libro *Folklore de San pedro Sierra Gorda, Zucatecas* rescataron los siguientes versos: "Por la señal/ de la canal/ que se cayó el viejo en el nixtamal". "Padre nuestro que estás en los cielos / tu cuidas las vacas y yo los becerros". "Santa María / mata a tu tía / dale de palos / hasta que se ría". No tanto injurias tan elaboradas; pero sí vestigios de una práctica socialmente extendida que tuvo entre los niños y jóvenes obligados al catecismo de los sábados, un tema para hacer más ligera la vida antes de la televisión.

2.   Victor Gayol el 07/05/2011 a las 3:36 AM

Por cierto, había otra en mi infancia que escuché en corrillo con mis colegas de gamberradas de la vecindad (en la ciudad de México): "Dios te salve gallina / llena eres de plumas...". Muchos años después he visto multiplicada en sinnúmero de versiones el "Dios te salve..." en distintos contextos culturales, pero siempre como lírica infantil.

3.   Natalia Silva el 09/05/2011 a las 4:45 PM

Víctor, gracias por la señal de esos jocosos versos populares e infantiles que testimonian la larga duración y la modificación de las prácticas culturales.

20. Continuación del Padrenuestro injurioso
mayo 12, 2011

La semana pasada hemos dejado a mitad la transcripción del Padrenuestro contra los jesuitas, el cual hoy entregamos en su totalidad. Continúa la crítica mordaz al amor excesivo por el dinero, comparando a los padres de la Compañía con gatos, incapaces de guardar los votos de pobreza, hacer penitencia o abstenerse de la lujuria ni aún en la cuaresma:

Emblema de la Compañía de Jesús

"Aunque dineros les sobra
Sin fundar casa o convento
A los ricos al momento
Les piden para la obra
Y si acaso les promete
Dineros para mañana
Dice la gente tirana
Bajando mucho el bonete

Dánoslo hoy

Sacan el dinero en fin
Con un medio lisonjero
Y los gatos del dinero
Le dan como gatos fin
Al irse le hacen la buz
Con reverencia hasta el suelo
Y dicen Dios te dé el cielo
Loado sea el buen Jesús

Y perdónanos

Jamás les prestaron cosa
Que la vuelvan a pagar
Miren quien podrá llevar
A gente tan engañosa
Porque luego al bienhechor

Se van fingiendo muy pobres
Y dicen señor no cobres

Y perdónanos Señor nuestras deudas

Si alguno el hábito dan
Si es hábito el paño fino
El modo de hurtar teatino
Luego enseñando le van
Dicénle por lindo modo
Conviene os hagáis esponjas
Y con treinta mil lisonjas
Procuréis raparlo todo

Así como nosotros

Si algún pobre es su deudor
Deudor de lo que no prestaron
Sino de aquello que restan
Las personas de valor
Dicen de esa cantidad
La mitad podréis traer
Solo porque hecho es deber
Que con liberalidad

Perdónanos

Si en necesidad se ven
Si en ellos puede ser esto
Pero maldigo en aquesto
Que aunque más ricos estén
Luego dicen qué hacemos
Que está muy pobre el convento
Vamos luego y al momento
Mis padres ejecutemos

A nuestros deudores

No hay duque conde o marqués
Que esta orden no le siga
Porque a eso les obliga

La fuerza del interés
Dícenle de noche y día
Danos dinero y favor
Y favorece señor
Esta pobre Compañía

Y no nos dejes

El carnero los esfuerza
Y los pone cual camellos
Aunque es cuento que uno de ellos
Decía que no había fuerza
Comía de noche y día
Carnero perdiz y pollo
Sin ver el pescado otollo
Y el bellacón no quería

Caer en tentación

Tu gran Señor de Israel
Que conoces esta gente
Con tu mano onipotente
Libra della el pueblo fiel
No permitas que se vea
De ellos el pueblo engañado
Ni que el dinero agarrado
Con sus fieras uñas sea

Más líbranos de mal

De aquesta generación
Todo el mundo se reace
Porque cuando no se case
Verá sin blanca el bolsón
Lleve el diablo quien quisiere
Esta mala gente bien
Y lleve el diablo también
Quien a coces no dijere

Amén Jesús"

1 comentario a "Continuación del Padrenuestro injurioso"

1.   Natalia Silva el 14/05/2011 a las 11:53 AM

Y hablando de proyecciones culturales en el tiempo: hoy conocí el Padrenuestro al Facebook, el cual retomo de un sitio de dominio público:

"Padre nuestro que estás en mi *facebook*
Santificado sea tu estado
Ven a nosotros tu foto
Hágase su voluntad tanto en mi perfil
como en el de ellos
Danos hoy las notificaciones de cada día
Perdona mis malos comentarios
Así como perdono a los que no escriben en mi muro
No me dejes aceptar a falsos amigos
Y líbrame de las malas etiquetas...
AMEN..."

21. Críticas en el mundo eclesiástico: de mercedarios censura inquisitorial y otros cuernos
mayo 19, 2011

Reloj Catedral de San Marcos, Venecia

Hoy presentamos un pasquín en prosa de finales del siglo XVII (ca.1682). Fue escrito bajo el pseudónimo de "Fray experimentado de la restitución" o "disimulado siete durmientes" y "diligente del buen suceso", en donde existe una crítica al proceder del Santo Oficio de la Inquisición en la otorgación de licencias para publicar. Ya el título del texto es todo un tema:

> "Verdades increíbles y experimentadas y compuestas por el muy reverendo padre fray Experimentado de la Restitución, del Orden de Nuestra Señora de la Merced, procurador general de causas ajenas y residente de oficio en su casa'. El mismo personaje escribe otro texto bajo el pseudónimo de "Casimiro de la Consolación, religioso descalzo del orden de Veedores de Maguncia, catedrático de prima en la Universidad de Babieca" y uno más como "Pánfilo Pitágoras, catedrático de sexto de la Universidad de Falacia".

El pasquín decía así:

"Al excelentísimo señor don Tauro Cornelio Cabeza de Vaca, caballero del Tusón, conde de cabra, marqués del Buitre, señor del venado y adelantado de la isla del poniente.[91]

Siempre excelentísimo señor las obras que vienen como nacidas se aplican y consagran a personas como vuestra excelencia pues nunca con más propiedad ha nacido la mía, que cuando se dirige a Vuestra Excelencia por los títulos que le vienen llamados, y más cuando son en este escrito estas verdades tan increíbles, y tanto se experimentan. Pero jamás se da crédito a lo que tan verífico se toca, esto es común opinión de devotos de monjas, aunque no de las monjas de devotos; pues en ellas es muy creíble todo, como quien lo pasa y experimenta con la verdad. Yo procuro dar este discurso a la estampa porque le vendrá de molde meterlo en prensa que con eso tendrá jugo a el pie de la letra y estado debajo del patrocinio de Vuestra Excelencia, se le dará más crédito, aunque sin fruto. Yo me holgaré le tenga, guarde Dios a Vuestra Excelencia como deseo, de este convento. México, el número cincuenta de el mes de Capricornio el año de tantos.

De Vuestra Excelencia siervo

Fray Experimentado de la Restitución [Rúbrica]"

91 AGNM, *Inquisición*, v.648.

El supuesto autor era un religioso mercedario que se burlaba de los procedimientos para publicar. Criticaba las dedicatorias sirviéndose de un abundante número de títulos "honoríficos" que hacían referencia a los cuernos (Tauro-Cornelio-vaca-cabra-venado) y a las garras (buitre).

Hacía alusión también, a los privilegios de quienes obtenían permisos de publicación: "las obras que vienen como nacidas" son consideradas verdades, mientras que no se daba crédito a lo evidente. Allí introdujo otra mordaz crítica a la credulidad exagerada, a los privilegios y a los comportamientos irregulares, aludiendo a las "monjas de los devotos". En esta frase se perciben prácticas no honestas. En otros cuadernillos adjuntos al proceso de donde se obtiene este papel "fray experimentado de la restitución" escribió una "Exortación a los devotos" que trataba sobre el comportamiento de los feligreses con las monjas y una "Letanía para librarse de las malas monjas" y otros similares para librarse de los "encantos de las monjas".

Esas obras patrocinadas, dedicadas y llevadas a la estampa, no eran, según el autor del pasquín, de las que se podía obtener algún fruto. Y la burla continuaba hasta en la fecha, usando la astrología, tan censurada por el Santo Oficio:[92] "México el número cincuenta de el mes de Capricornio –tema de los cuernos vuelve a emerger- el año de tantos".

Este importante tema de la censura inquisitorial se reitera en dos voluminosos pasquines publicados en Manila en 1734.

El recurrente recurso al tema de los cuernos es muy notorio en este pasquín. Es claramente injurioso y muy vinculado al problema de la honestidad. Uno de los refranes hispánicos más simpáticos que alude a esta temática dice, "Si la vaca fuera honesta, cuernos no tendría el toro".

---

92 El Santo Oficio censuraba sobre todo, la práctica de la astrología que se usaba para predecir hechos futuros, conocida como astrología judiciaria. Aunque este tipo de astrología se oponía a la astrología natural, no censurada, en la práctica y durante los procesos inquisitoriales resultaba muy difícil su distinción.

Fuente de la imagen:

Fotografía de Natalia Silva. Detalle del Reloj en la Plaza de San Marcos, Venecia. Parte del círculo con los signos del zodiaco. La construcción de la torre data del siglo XV con numerosas restauraciones.

2 comentarios a "Críticas en el mundo eclesiástico: de mercedarios, censura inquisitorial y otros cuernos"

1. Víctor Fuentes el 19/05/2011 a las 6:27 PM

Perdón, más que comentario, pregunta: ¿Había algún castigo o censura por usar ese tipo de lenguaje y crítica para quien lo escribía?

2. Natalia Silva el 19/05/2011 a las 6:42 PM

¡Absolutamente sí!...claro, si lograban dar con el autor anónimo, cosa casi imposible la mayor parte de las veces. De hecho este texto procede de un proceso inquisitorial. Cuando eran religiosos, los sospechosos se reducían y si lograban apresarlos, los castigaban con largos encierros en sus propios conventos (este era el castigo menor debido a los fueros eclesiásticos). Una persona no religiosa, juzgada por causas tan graves, podía ser desterrada o enviada a galeras, cuando le iba bien.

22. Críticas irónicas e injuriosas: del mundo religioso al mundo civil
mayo 30, 2011

Venta de esclavos en Cartagena

Presentamos hoy una carta anónima que contiene una crítica exacerbada contra un funcionario real, cuya personalidad revelaremos en otra entrega. La carta fue escrita por un religioso anónimo también, de la ciudad de Cartagena de Indias a otro de Santafé de Bogotá en la segunda mitad del siglo XVII, 1687 para ser precisos. Esta es una extensa epístola en 11 folios a mano que iremos entregando semanalmente.

La persona impugnada en una cadena de críticas mordaces e irónicas existió realmente, pero aquí se va configurando casi como un personaje novelesco que debe ser extirpado del cuerpo político, expulsado de la república. Tuvo un desempeño destacado dentro de la burocracia real americana. Su vida política y personal se desenvolvió entre Sevilla, Salamanca, Panamá, Lima, Santafé de Bogotá, Cartagena, La Habana y México.

Del autor de la carta al contrario, no logra saberse mucho, solo que era un fraile de avanzada edad. El receptor si podría ser una alta autoridad eclesiástica. En esta situación vemos confluir la dinámica política y eclesiástica que en la época formaban parte de una misma lógica.

La carta proviene del fondo documental *Inquisición* del Archivo General de la Nación de México. El autor, busca comunicar a su destinatario los males encarnados por un personaje político, al parecer de gran importancia en las decisiones de justicia, llamado sólo *Carcelén*, el cual tiene la "virtud" de haber afectado a otros personajes muy nobles de la ciudad, quienes son asimilados a "el pueblo". El primer acercamiento al texto deja al investigador una sensación de misterio y confusión alrededor de asuntos comentados sin mucha precisión. Quien escribe, girando en torno a todo y a nada al mismo tiempo, nos trasmite con su escrito una idea de que los problemas tratados se refieren a situaciones ocultas, de difusión peligrosa, donde en consecuencia, el anonimato es la única opción prudente. En general, es realmente muy poco lo que se logra comprender después de una primera lectura, por su lenguaje confuso, por sus referencias oscuras. Bien lo decía Robert Darnton,

> Cuando no podemos comprender un proverbio, un chiste, un rito o un poema, estamos detrás de la pista de algo importante. Al examinar un documento en sus partes más oscuras, podemos descubrir un *extraño sistema de significados*. Esta pista nos puede conducir a una visión del mundo extraña y maravillosa [...] Es necesario desechar constantemente el falso sentimiento de familiaridad con el pasado y es conveniente recibir electrochoques culturales.[93]

La fecha del documento coincide con un periodo de alteraciones bastante profundas en la vida de Cartagena. Uno de los sucesos más importantes fue el conocido con el nombre de *Cessatio a Divinis*,[94] un grave enfrentamiento entre el poder civil, representado por varios gobernadores, y la autoridad religiosa del obispo de la diócesis, la cual comenzó por desacuerdos entre la jurisdicción secular del clero y los regulares franciscanos, orden de cuyo control jurisdiccional querían liberarse las monjas clarisas. Debido a los tumultos y al desorden, el obispo recurrió a la cesación de todos los oficios religiosos, dando inicio a un conflicto de cinco años de duración comprendidos entre 1683 y 1687. Otros dos acontecimientos destacados aumentaron la tensión en estos mismos años. El peligro permanente que representaban los cimarrones y la amenaza constante de ataques piratas.

Van aqui los dos primeros folios de la cadena de ironías injuriosas:

f.258r Cuando Vuestra Reverencia no me refiriera, con tan bien sentidas voces, las que han corrido en esa ciudad, por las que por boca del mesticillo Pacho, y cartas, ha esparcido este oidor Carcelen fatuo y fatal me quedarían muy lastimados los oídos como lo estarán los de cualquiera Católico, y más con la memoria, de una carta segunda del

---

93 Darnton, Robert. *La gran matanza de gatos y otros episodios en la historia de la cultura francesa*, México, FCE, 1994, p.12. Las cursivas de las citas textuales son mías.
94 Los datos sobre la situación de Cartagena los hemos tomado de Lemaitre, Eduardo, *Historia general de Cartagena*, t.II, 1983.

apóstol Juan que hablando en el amor de los hijos de una buena madre dice estas palabras: *quos ego diligo in veritate, et non ego solus, sed et omnis, qui cognoverunt veritate; propter veritate, que manit in nobis* : repitiendo en dos renglones la palabra verdad, con verdad tan celestial: y el Carcelen ni de palabra ni por escrito habla palabra que no sea; *in mendacio, in cognitionemen dracis et propter mendacium, quod manit in illo* y desta verdad asiguro a Vuestra Reverencia que son tantos los testigos, como son las personas que le han hablado, o le han oído hablar, porque no habla, que no mienta, y porque deseo ser breve, y decir verdad, afirmará este proverbio lo que digo. *Expedit magis vrs e occurrere raptis fetibus quam fatuo confidenti in stultitia sua* y estas dos partes de fatuo y confiado, las tiene Carcelen tan de lleno en lleno, sobre la de mentirosillo eterno, que es compasión dolorosa, no vaya lleno de cascabelicos teniéndolo en una jaulica de paja, pues para pájaro tan ruin, sería ociosa ocupación y gasto supérfluo, hacerla de otra materia: Y como el Carcelen es tan ridículamente mentecato tan sin capacidad, y tan malignamente dañino, experimenta esta ciudad en el todo lo malvado que otro proverbio dice en su cabeza: *Quasi per risum stultus operatur scelus.* Y sucede como en él se contiene, porque después que el Carcelen firma autos o sentencias, (sin tener de sentencias ni de autos, más que darles el nombre de tales, y en fin tan ridículos, que puestos en tablas sus materiales hubieran granjeado mucho caudal a justicia vana y mucho espanto a Nerón aún en los años de

f.258v. sus mayores crueldades, dejada la pluma (con no pensar en otra cosa que en dig [cortado]mar a todos) suena dos castañitas con los dedos, da dos pasitos de mujercita buscona, arroja dos risitas de niño, que está para volver a llorar, y entre la risita, pasitos y castañitas se vitorea él mismo repitiendo: lindamente, lindamente, quedando contentico como una pascua, y como esto lo dice y hace El Carcelen, *inter quaslibet* personas hay de ello *inter* personas *quaslibet* muchísimos testimonios, y el quedar tan alegrito el Carcelen con los disparates, que forma, consiste [cortado] como él es la misma ambición, vive embreagado con el gusto del interés que de [cortado: ac?]tuado, y por actuar le resulta, y así no atiende a que es injusticia cuanto hace, si [cortado: no] a que cuanto hace es ganancia, y desollamiento como de otros como Carcelen los in [cortado] otro /al margen: Sophonías 3.3/ *judices tui, lupi vispere, in relinquens usque mane* y así el Lobico Carcelen está tan hambriento de hurtos, que nada quisiera dejar, que hurtar para el día siguiente como lo ha mostrado con cavilaciones diabólicas, y lo tiene dado por testimonio, su mismo escribano Francisco Pérez Medrano sino a Nuño Rasura , a Nuñez R [cortado] /al margen: Felipe Nuñez tomó testimonio diferentes cónyuges de los presos, han echado de sus casas al oidor Doña Maria de Guiza? le tenía prevenida una paliza y algo más/ Y crea Vuestra Reverencia que por otra parte es tan pusilánime el Carcelen, que nadie le ha hecho rostro que no le haya puesto a pleito la presa, y aun hecho presa en el, y que su miedo le ha librado de muchos trabajos, y principalmente, de que hayan dejado de hacer con él la fiesta de la Guiza, que suele hacerse con los toros turcos mandiloncillos, que en una embestida no pudo escapar el pobre, de que su vestido saliera mas cierto [cortado] ton que él es Guevara cierto, y se habló algo de lo del pájaro judíquelo tan contado, y celebrado en esa ciudad y así podrá decir Vuestra Reverencia que para cuando vuelva a ella le tengan prevenidos algunos para que le diviertan, y de cualquiera cantidad serán a propósito, porque aquí ha oído su voz, a voces en tonos acordes, y discordes, y aún en voces roncas, y para que Vuestra Reverencia se lastime deste pobrecito, y que otro proverbio lo pospone al más mentecato /al margen: 26.12/ *Vidisti homine sapiente sibi videri? magisillo spem habe [cortado]...insipiens* sepa, que el Carcelen se halla tan satisfecho de sí, que sóla su inteligencia dice que es inteligencia, y así entró en hacerse y deshacerse (sus entradas son así

f.259 ya hechas, y ya deshechas) Asesor en cosas del asiento; ha pretendido repetidamente, en ser subrogado en teniente y Auditor General; en ser asesor de la presa, que el día de abril de este año hizo el valiente Capitán de Corso, y últimamente él entra en todo, y hasta ahora de nada ha salido, sino de sí, y en esta parte/ al margen: tesorero Farfán de los Godos[95] [cortado:tiene?] testimonio de que Carcelen estaba loco/ parece el Carcelen coetáneo de Tubal, porque el testimonio de ello, viene de los Godos, y es testimonio claro, que todo esto es ambición y mas ambición, ignorancia y más ignorancia de Carcelen la cual le ha puesto y tiene en los derrumbaderos, que Vuestra Reverencia habrá visto de mejor tinta en el Pronóstico que le envié en enero de este año, y lo veo tan cumplido que ya no siento el trabajo que me costó copiarlo.

Con estas infamias y otras muchísimas tan notorias, como incomprensibles han crecido en esta ciudad los llantos y puéstolos en esos cielos y para asegurarse más en continuarlas, divulga ahora, con la llegada de dicho Alguacilillo desta legua, que le escribe el señor oidor Velasco, que apriete en sus diligencias más y más que más vale que se queje el Pueblo que no que el Carcelen se queje [subrayado en el

---

95 Puede tratarse de Don Antonio Farfán de los Godos, tesorero de la Real Hacienda de Cartagena de Indias. Es mencionado como testigo en Guillermo Lohmann Villena, *Los americanos en las órdenes nobiliarias*. T.I. Madrid, CSIC, 1993, p.135.

original] y que el Señor Presidente Don Gil, le habla misterioso en otro caso de economía Paladina, con instrucción muy Daladina, y peculiar para portarse en él paladinamente /al margen: [cortado] ribio Don Gil en esta materia entraba? Paladinamente/ Y en este caso Paladino de económico y misterioso ya Vuestra Reverencia conoce que no puedo decir más que *ex urge Dine?, et judica causam tuam.*Y que saldrá aprovechado el que leyere misterios en un librito del doctor Juan Antonio de Saura desde el folio 81 y en estos debemos tratar los religiosos para confundir mentiras y defender verdades hasta morir. Lo que aplica al señor Velasco, ello por si se está, argüido de falso y apócrifo, y que se lo prohija en manifiesto agravio de sus grandes estudios, y a ambos en conocido desdoro de tan discretas prendas con que el cielo los ha dotado que teniéndolas tales, les sería cargo grande, no conocer (sin costarles disvelo alguno porque el Carcelen sin velo miente) quien miente y quien trata verdad, y no conocer quien que el Carcelen no la conoce, sería ceguedad más ciega, que es clara la más clara vista: y conocer la mentira de Carcelen y ampararla con tales hablillas

f.259v. (polillas en todos tiempos de la más asigurada paz) sería aún, mayor ceguedad [cortado: porque?] siendo los Tribunales, las piedras del toque, a donde con recto examen a constar que es oro y cuales alquimia, los presidentes de ellos que no sacaren esto en limpio, serán a propósito para piedras de tahona no para piedras de toque y los que siguieren embolismos sofísticos sin tener más cuerpo de verdad que ser (como los de Carcelen lo son, y el Carcelen lo es) un puro enredo lo que sigue habrán de hallarse, como se hallará el que vanamente engañado ocupe el tiempo en coger el cuerpo a la sombra, y seguir al aire los pasos, y porque vuestra reverencia no tenga esto a cosa de aire lo afirmará por mí el dueño del firmamento : q [cortado] /al margen: eclesiastés 34.2/ *quasi, qui aprehendit umbra, et sequitur ventu, sic, qui attendit ad visa mendacio*, cómo pues podrá dar cuerpo Carcelen a lo que divulga de héroes tan graduados en milicia, y letras, ni acreditar, que abriguen sus mentiras; y ésto hace aún mayor contradicción en el señor Velasco hallándose ya en los años más sazonados de su edad, canoso, inteligente y tan práctico en todo, que se halla cumplido en su persona lo que Moysen encargó Dios en la elección de tales ministros. *Quos tu nosti, quod senis puli sint et magistri* /al margen: 11.16/ y la prudencia, las experiencias, la sabiduría y la modestia deben tener los que los ejercitan asigurándolo todo el Señor San Gerónimo en tal e [cortado] *omnis peni virtutes corporis mutantur in senibus, et crescente sola sapientia, dicunt cetera* como pues (vuelvo a decir) podrá dar color ni calor el Carcelen para que discrea? (ni lo crea Vuestra Reverencia) que estando el señor

Velasco en edad tan purgada de verdad y con los aumentos de sabiduría, autorizara tal necedad, como la de decir: que va [cortado] mas, que se queje, el Pueblo, que no que Carcelen se queje siendo como es la salud del Pueblo la suprema Ley de los Reinos, y antepuesta como tal, a la potestad de los príncipes, sirviendo ésta, para aquella, y no aquella para ésta, y así la dignidad está asentada en la multitud, del pueblo, y cuanto este es crecido, es crecida aquella /al margen: Julius, Libro 3 de Legib/ *multitudine populi dignitas regis*. Y así lo que creo yo y Vuestra Reverencia creerá, es que el señor Velasco le habrá escrito sera que haga justicia sin vejar, ni molestar al pueblo, pues la comisión de Carcelen no es popular, sino muy limitada en su ong [cortado] y limitadísima en su instrucción, en la cual aún no llegan a cinco las personas expresadas.

[Continuará...]

Un estudio de este documento se encuentra en:

Silva Prada, Natalia, La ironía en la historia: un documento del siglo XVII cartagenero expuesto al análisis textual". *Anuario de Historia Regional y de las Fronteras*, Universidad Industrial de Santander, VII (2002), p. 321-354.

Versión electrónica:

http://revistas.uis.edu.co/index.php/anuariohistoria/issue/view/200

Y también en

http://loc.academia.edu/NataliaSilvaPrada

Silva Prada, Natalia, "La escritura anónima: ¿Especie sediciosa o estrategia de comunicación política colonial?" en *Andes. Antropología e Historia*, Universidad Nacional de Salta, Argentina, n.16, (2005), p.223-250. ISSN 0327-1676.

Versión electrónica:

http://redalyc.uaemex.mx/redalyc/pdf/127/12701614.pdf

Fuente de la Imagen: Grabado del siglo XVII. Escena de venta de esclavos en Cartagena de Indias. De la Colección del Archivo General de Colombia.

23. Críticas injuriosas contra "El Carcelén": del mundo religioso al mundo civil

junio 9, 2011

Mapa de Cartagena

Hoy continuamos con las innumerables críticas del religioso anónimo contra "El Carcelén", quien con sus diligencias estorbaba el comercio y las libertades del sufrido "pueblo" cartagenero.

El tal *Carcelén* era un oidor y juez de la Real Audiencia con pretensiones de *teniente general*,[96] quien había mandado a apresar a varios personajes importantes de Cartagena, cuyos motivos nunca quedan claros. También parece haber intervenido en asuntos relacionados con la tesorería del *asiento de negros esclavos* de Cartagena. Se le imputó robo, complicidad con esclavos y el querer valerse de sus relaciones políticas para involucrar en sus planes a personajes destacados. Además, de ser el causante de las angustias que vivía la ciudad, tales como el desorden en las estancias por fugas de esclavos y la pérdida de cultivos tras el encarcelamiento de sus dueños. La denominación de *Carcelén* impuesta al personaje de la carta puede referirse a su apellido real o representar una metáfora originada en la principal actividad que había emprendido contra ciertos habitantes de la ciudad (numerosos encarcelamientos).[97] La caracterización del tal

---

96 El teniente de gobernador había sido nombrado como asesor suyo pero lo mandó a apresar, según se deduce de la lectura del documento.

97 En dos oportunidades, el religioso hace una referencia al *Carcelén* asociada al apellido Ladrón de Guevara, que pudo ser el verdadero apellido del funcionario acusado. Al final de este estudio veremos que esta interpretación era correcta

Carcelén hecha por el religioso, recorre todo el texto de la carta. Sin ninguna virtud, todos los *epítetos* con los que lo describe se refieren a dos principios básicos: su ausencia de discernimiento, juicio y razón o en general, incapacidad, lo hacen encarnar una serie de males como la mentira, el robo, la maldad, la ambición, y la tiranía.[98] En el otro extremo, lo mostró también, como una persona *pusilánime*, cuya conducta fue asociada al que se consideraba en la época un comportamiento femenino,[99] el que proporcionaba la posibilidad de obtener ciertos fines sirviéndose de subterfugios, si asumimos el concepto de mujer asociado al mal, muy común en aquella época.[100] En esencia, Carcelén es simultáneamente, la encarnación de la maldad pero con una apariencia "femenil".[101]

Adentrémonos en el texto manuscrito para gozar un poco de las sutilezas de la ironía:

f.260 y no debiendo extenderla a otras (por ser su naturaleza odiosa) son innumerables las injuriadas vejadas, molestadas, y aún

---

pero incompleta.

98 Las expresiones que aluden a esta situación son: fatuo y fatal (f.258); fatuo y confiado (f.258); mentirosillo eterno (f.258); pájaro ruin (f.258); sin capacidad (f.258); malignamente dañino (f.258); malvado (f. 258); la misma ambición (f. 258v.); lobico (f.258v.); hambriento de hurtos (f.258v.); loco (f.259); tiranía codiciosa (f.260). AGNM, *Inquisición*, v. 671, exp. 37, ff.258r-263r.

99 El religioso se refiere a su "obrar femenil" (f.262); ignorante (f.259); está hecho "al óleo" (f.261v.) y presenta este lado de su condición en expresiones irónicas de tan rico contenido como esta que a su vez puede ser también una metáfora de su hipocresía: "suena dos castañitas con los dedos, da dos pasitos de mujercita buscona, arroja dos risitas de niño, que está para volver a llorar, y entre la risita, pasitos y castañitas se vitorea él mismo repitiendo: lindamente, lindamente, quedando contentico como una pascua" AGNM, *Inquisición*, v. 671, exp. 37, f.258v.

100 Northrop Frye analiza la presencia de la mujer en la historia bíblica y dice que la asociación de Eva a una figura maternal demoniaca es una leyenda tardía asociada a la construcción de la figura de Lilith, la primera esposa de Adán. Fue la madre de los demonios o de los falsos espíritus. N.Frye, *The Great Code*, 1982, pp.140-141.

101 El término es del texto: "pero que mucho se vean tales desconciertos en un obrar femenil", seguido de una cita en latín de la cual no aclara su fuente: "*quid refert, utrum mulieres ipso gubernment an los qui gubernant, amuliribus gubernant*". AGNM, *Inquisición*, v. 671, exp. 37, f.262r.

empobrecidas, por estar impidiendo, y haber impedido tantos meses la cultura de las estancias, y huidos mis negros, de suerte que cuando no había de haber sobra de otra cosa más conocida, que de plátanos, hay falta de ellos por lo cual se oyen tan justos, y dolorosos clamores, que pueden rasgar las entrañas al más cruel: y en esto está el nudo Gordiano que El Carcelén, con su ciguelabos, vomitó en uno de sus borrones: y su amo la tiene de hacer pinicos de hombre con bachilleras de otros ignorantes, la tuviera de cumplir como cristiano hubiera tragado el caso que a Petronio sucedió con Cayo y estudiara lo que Trajano dijo al ponerle la espada, y obrando de otra manera el presente, con los individuos y pueblo; pero como no tiene, ni ha tenido otra mira que la de su codicia, desde que llegó a sus manos, dicha comisión, lo ha errado todo, por más que le ayuden a dotarlo.

Opondrá a esto el Carcelén (y opondrá bien) que la potestad Real debe relucir en sus ministros etcétera. Oiga si hay en el mundo epíteto como el que se da a los sacerdotes *nolite tangere xptos mios*: y sin que tengan estos, otros achaques, que de negociantes dice de ellos San Jerónimo *clericu negotiatore, quasi quandam peste fuge* (si la vió en San Lucar, sabrá Carcelén, como se huye esta) y mírelos a los eclesiásticos, desde la altura de cristianos hechos pestes, y saque para sí la consecuencia, y si le asienta en abstracto o en concreto lo que con tanta facilidad, y repetidamente pronuncia de, Yo soy El Rey, en mi está el Rey : que Rey ni que Roque; el Rey Nuestro Señor es como Dios, que no está sino donde está la justicia, y está adornado de la templanza, del amor, del cariño de la mansedumbre y de la misericordia, y apartado así lo vil, de lo precioso, se verá quien representa al Rey, y quien lo infama por más garnuchas que ostente, pues nadie negará, que Judas fue apóstol, ni negará tampoco, ni le estará bien, que fue Ladrón, y que está ardiendo en los infiernos: y obrando Carcelén con la tiranía codiciosa que obra, querrá hacer creer que se la aplauden personas de su Audiencia Real pero espero en nuestro señor (y vuestra reverencia se lo ruegue) quien ha de castigarle su necia confianza como fundada en enredos para tener asegurada la tolerancia en cuantos le vengan a su dañada imaginación, pues el conocido por pacientísimo cuenta entre sus virtudes, que no le sufría el corazón, que a su vista se hiciera una maldad, ni dejar de castigar a quien

f.260v. la hacía desbaratándole las muelas, y quitándole la presa de entre los dientes /al margen Jos 29/ *contereba molas iniqui, et di dentibus illuis aufereba predam* o paciencia bizarramente colérica, pues sufrir desórdenes, no es paciencia sino modorra: y lo probó bien esto otro alentado campeón, que habiendo intentado todos los medios cristianos y cuerdos /al margen: Génesis 24/ no pudo reducir a un atrevido y lo mató porque maltrataba a otro (no averiguó si para matarlo, tuvo o no revelación divina) y se llevó por esta acción los ojos de Dios como los de un insigne varón por haber defendido a sus hijas, de unos pastores groseros, por mucho que hiciera esto, si iba ya en viaje para ser Gobernador y puede ser que al Carcelén le suceda algo de esto avivando Dios el instrumento según lo indica en este proverbio. *Criu los qui ducuntur ad morte et qui trahuntur ad interitu liberare necese.* Y el caso presente en que está Carcelén, es colectivo de ambas partes *ducuntur y trahuntu.* Atrayéndolos primeramente para desnudarlos y despojados ya, que los lleven a Chagre. Y buscado el por qué? no hay otro, sino porque hay tanta agua entre Madrid y Cartagena y dejando tan concluyentes respuestas (que de defensas no deben tener nombre, no habiendo ofensas) como todos han dado, es cosa extraña ver lo que El Carcelén remacha sus fingidos cargos, sin entender ni querer entenderlas, y menos las del Señor Teniente General ni Señores oficiales Reales (en los reales está el punto) fundándoselas en instrumentos (ninguno le suena bien al Carcelén si no es de plata) con señalamiento de días, meses y años, nombres de las embarcaciones, de los capitanes y maestres de ellas, registros de las salidas de los puertos etcétera. Y en fin tan claro todo, que por más criatura que sea puede entenderlo y el Carcelén a las representaciones desta justificación decreta *quod scripsi scripsi*, no entiendo esa lengua, venga plata de esos cuantiosos caudalazos, que yo como, bebo y visto: y me cae muy en gracia (así le caiga a Carcelén) el sopapaso, que San Pedro dio a la judaica canalla, incrédula y desvergonzada siempre por haber tratado de /al margen: Acto y capítulo 2/ borrachos a los discípulos del Maestro de la templanza y maestros ellos en ella como discípulos de tal Maestro no estando el achaque de la embriaguez en los discípulos sino en la canalla judaica, el de la incredulidad; y pues ambos somos religiosos y estamos en la octava del milagro, cantemos a coros (aunque en coro tan espacioso, que en las costas de Carcelén hay agua salada desde este a ese) los dos versos que nos lo enseñan

[Continuará...]

2 comentarios a "Críticas injuriosas contra "El Carcelén": del mundo religioso al mundo civil"

1.   Anonymous el 09/06/2011 a las 5:39 PM

Como paréntesis... Carcelén en varios registros aparece como encargado de acompañar los desplazamientos de la correspondencia y el correo oficial a Santafé.... NFG

2. Natalia Silva el 09/06/2011 a las 8:17 PM

Gracias por la información. En la próxima entrada develaremos su personalidad y cargos.

24. Y las últimas injurias contra "El Carcelén"
junio 23, 2011

Calle de Cartagena

Hoy damos fin a la extensa epístola irónico-deprecatoria contra "El Carcelén". ¿Quién era entonces este vilipendiado personaje?

El tal *Carcelén* o *Ladrón de Guevara* del religioso cartagenero resultó ser el Doctor don Francisco Carcelén Fernández de Guevara.[102] Los irónicos y curiosos apellidos de este oidor, no debieron menos que producir sonrisas al autor anónimo de la carta, quien los aprovechó en su juego de palabras, añadiendo traviesamente el de "Ladrón" que cazaba muy bien con el Guevara de otro linaje y sustituyendo el Fernández que lo acompañaba. Hijo legítimo del sargento mayor don Diego Carcelén Fernández de Guevara, "hijodalgo notorio", en 1684 pidió licencia como

---

102 Los datos que aquí insertamos fueron tomados del Archivo General de Indias en los siguientes fondos: *Contratación 5446*, N.23; *México 58*, R.2, N.11; *México 58*, R.1, N.22; *Escribanía 959*; *Escribanía 600B*; *Escribanía 1046 A*; *Santafé 31*, R.3, N.13; *Indiferente 133*, N.9; *Pasajeros L 14*, exp.456; *Santafé 209*.

pasajero a las Indias para ocupar el cargo de oidor de la Audiencia de Santafé, junto con su criado Juan Manuel de Aranguren. Con relación a los cargos ocupados por su padre a lo largo de su carrera burocrática, suponemos que don Francisco debió nacer en algún lugar del virreinato del Perú en donde don Diego sirvió al rey: Lima, Quito, Portobelo o ciudad de Panamá. En 1677 se graduó de bachiller en cánones por la Universidad de Sevilla, año en el cual se incorporó a la Universidad de Salamanca. Dos años después, obtuvo el título de licenciado y el grado de doctor en la facultad de leyes de esta última universidad. Según aparece en su hoja de méritos y servicios, sus profesores declararon que en sus cursos demostró "aplicación y singular aprovechamiento en la literatura". En 1680 fue electo alcalde de la Santa Hermandad de la villa de Tovarra en el reino de Murcia, por el estado de "hijofidalgo de ella". Cuatro años después, el rey le hizo merced de la plaza de oidor en cuestión, la cual pasó a ocupar en marzo de 1685. Se le siguió una causa judicial por haberse casado en Santafé sin licencia del rey. Fue exonerado de este cargo en 1691. Casado con la marquesa de Santiago, doña Rosa Pérez Manrique, hija legítima del marqués de Santiago, quien fuera presidente de la Audiencia de Santafé. En 1686 fue comisionado como *juez de residencia* por el Consejo de Indias para averiguar los excesos cometidos por el Gobernador de Cartagena, Juan Pando de Estrada, en el ajuste con Baltazar Coymans, asentista de negros y con Baltazar Beq, a quienes se les pidió que intervinieran con el gobernador de Curazao para que enviase embarcaciones a Cumaná, la Guaira y Maracaibo, con el fin de conducir de estas provincias, bastimentos a Cartagena, mediante el pago de fletes a los holandeses. En la pesquisa realizada por Carcelén resultaron culpados los oficiales reales Gregorio Laso de la Vega, Antonio Farfán de los Godos, Felipe Nuñez de Rioja y Francisco Valcárcel, el sargento mayor Alonso Cortés, el escribano público José Blanco García y otros más.[103]

El resultado negativo del proceso de residencia llevado a cabo por el oidor y juez Carcelén fue evidentemente, el asunto más importante que se denunciaba en la carta, el relativo a la auditoría

---

103 Algunos de estos nombres aparecen en el documento transcrito.

de la tesorería del asiento y la implicación de personas de rango y autoridad de la vida política de Cartagena de Indias en el comercio ilegal con naciones extranjeras y el que enemistó a Carcelén con gran parte de los *notables* cartageneros. Durante 1687 y 1688, el mismo año de la carta en la que se le acusó de innumerables males, el rey recibió *representaciones* de su buen gobierno remitidas por el cabildo de Santafé de Bogotá, el Colegio de Nuestra Señora del Rosario y las religiones de San Agustín, Santo Domingo y la Compañía de Jesús. En el mismo año de 1688 se le comisionó para que hiciera una segunda averiguación en Cartagena sobre las controversias que habían surgido entre el obispo y el Tribunal de la Inquisición.[104] Aunque regresó a la *ciudad ultrajada* para esta diligencia, no pudo llevarla a cabo pues se le adelantó el segundo comisionado en el cargo. Después de eso se fue hacia la Habana, en donde se ocupó de distintas causas y negocios del servicio real, tales como la determinación de la existencia de comercio ilícito con extranjeros. Las amarguras producidas por el proceso de residencia en Cartagena lo llevaron en 1691 a pedir su traslado a la Audiencia de México y no a la de Lima o a la de Charcas, porque en estas Audiencias él y su esposa tenían "muchos deudos y algunas haciendas". En una petición enviada al presidente de la Audiencia solicitaba que se le trasladara a la Audiencia de México y allí mismo exponía las razones del odio que se había ganado y los motivos con los cuales buscaba conservar su "buen crédito":

> "[...con el traslado y pago de salarios] me libre de *tantas sindicaciones como me habrán hecho enemigos granjeados a causa de haber procedido con rectitud y limpieza* procurando remediar algo de tan desordenados procedimientos a que no se me ha dado lugar y respecto de lo odiado que me hallo".[105]

---

104 Francisco de Seijas y Lobera denunciando acontecimientos ocurridos en el virreinato del Perú escribió en un informe al Rey firmado en Versalles en noviembre 2 de 1703, unas frases que podrían estar conectadas con los hechos de Cartagena: "[...] con el conocimiento que tengo de que *en las Indias los virreyes, presidentes, y las Audiencias han hecho diferentes violencias contra los arzobispos y obispos de aquellos reinos* sin para ello haber tenido razón ni autoridad alguna [...]". AGI, *México 628*, s.f.
105 Cartagena, octubre 19 de 1688. AGI, *Santafé 31*, R.3, N.13, i.1.

Es posible que la examinación del pleito entre obispo e Inquisición estén relacionadas con la aparición de la carta anónima entre los papeles del tribunal homólogo de México y por qué no, con el autor de ella.

Aquí va la entrega de este largo y último tramo de la carta:

El sopapaso, que San Pedro dio a la judaica canalla, incrédula y desvergonzada siempre por haber tratado de /al margen: Acto y capítulo 2/ borrachos a los discípulos del Maestro de la templanza y maestros ellos en ella como discípulos de tal Maestro no estando el achaque de la embriaguez en los discípulos sino en la canalla judaica, el de la incredulidad; y pues ambos somos religiosos y estamos en la octava del milagro, cantemos a coros (aunque en coro tan espacioso, que en las costas de Carcelen hay agua salada desde este a ese) los dos versos que nos lo enseñan

f.261

Judea tiene incredula, sed editis miraculis
vesana torvo spiritu, occurrit, et docet Petrus
Madire muslo sobrios falsum profari perfidos
Christi fideles increpat Joele teste comprobans.

Vea vuestra reverencia si será causa de justa queja, el quejarse de Carcelen esta pobre ciudad habiendo fulminado en ellas tantas causas, sin más causa, y no excuso referir a Vuestra Reverencia (ya que le canso más de lo que entendí) el poco reparo que el Carcelen ha puesto en las sentencias que ha pronunciado contra personas de tanta cuenta debiendo el Carcelen no perder de vista lo noble de sus personas en sus nacimientos, lo condecorado en sus empleos, y el ser tanta parte en esta ciudad y que no sólo están y estaban ocupados los más, en oficios públicos de ellas , sino que sus padres y otros muchos sus parientes han comido y comen p [cortado] del Rey Nuestro Señor a los cuales los privilegia notablemente La Glosa, en la palabra *ob meritu, plane instituba de siori naturali*, perdonando la pena al que a servido o, esta sirviendo a su Rey y otro más sabio que Carcelen hablando en este sentido pronuncio esta sentencia contra quien merecía pena de muerte comutándolo a enviarlo a su estancia y sin soldadisca. *Abiathar quoque diair Rex, Vade in agruture et quidem ver mortis es, sedte non interfitia quia sustinuisti labore in omnibus, quibus laboravit patermeus.* Y quisiera yo que el Carcelen alegara para que se le tenga tanto respeto (como quiere que le tengan) otra causa que la de ser desnudamente (ojalá lo fuera así) ministro de Su Majestad pues si ese mismo título con otros muchísimos de honorificencia tienen y gozan los más de los que ha hecho causas como en las sentencias de ellas los ha tratado como fascinerosos, olvidado de guardarles el respecto que Carcelen quiere que se le tenga pues cabe bien el guardarlo guardando justicia pero el Carcelen no entiende de la distributiva sino de la que pueda ser capa de justicia para quitar capas, y usando otros dos oficios tendremos aquí un buen vecino como ya lo es desde septiembre pues con el uno se ejecuta sin peligro el otro, y no se contentará con ser Ladrón de Guevara sino que querrá ser Austria y Borbon y es bueno también que El Carcelen obre tan sin reparo y tan sin tiento en todo que se olvide de la razón natural y divina. *Quod tibi non vis fieri alteri ne facias*

f.261v. y sobre haber inquietado el mundo con que en los escriptos no le han guardado la veneranda [sic: venerada] veneración que se le debe guardar sin haber dejado de tratarle con términos jurídicos responde a un exhorto muy jurídico que El Señor Maestro de Campo Don Francisco de Castro Gobernador y Capitán general de esta plaza le presenta firmado de su mano y letra y de asesor graduado de Doctor, que en él le dice insolencias, y esto fue el día veintitres de mayo. Yten el Carcelen por su misma boca muchas y repetidas veces para asegurar las vejaciones de su perversa intención en la persona del señor teniente general ha dicho al dicho señor gobernador que no dudase en auxiliarle para prenderlo a dicho señor teniente general porque para la judicatura de todo lo que tocaba a esta ciudad y a la auditoría general bastaban dicho Carcelen y asesor que de día y de noche y en el cuerpo de guardia se asistirían y que podían fiarse de dicho asesor porque es muy gran letrado, y con estas maquinaciones endemoniadas le obligó a darsele y se le dio y con ellas otros enredos y amenazas ha conseguido el tenerle preso y obligádole con pérdida y dispendios grandes de hacienda y honor a retirarse como está retirado en un convento padeciendo lo que debiera un juez hecho tan por la merced del Rey Nuestro Señor como el Carcelen lo es y más parecido a ella porque dicho señor teniente, no está hecho tan al óleo; y ahora en dicho exorto de 23 de mayo responde El Carcelen, que dicho señor gobernador ni ha debido ni podido nombrarle por tal asesor siendo contra derecho por ser reo y estar preso como tal dicho asesor, dígame vuestra reverencia que juicio hará en buena dialéctica de estas contradicciones, y de este juicio cascabel pues si es reo dicho asesor, y está preso, ya estaba preso, y era reo mucho antes que El Carcelen le acreditara con el señor gobernador como en repetidas ocasiones lo ha acreditado según a vuestra reverencia llevo dicho y sepa que en todo desde la primera letra, que El Carcelen ha actuado ha obrado dándose de encontrones con la puente de los asnos, y así ha quedado tan safio filósofo que espero se le ha de caer todo de a cuestas y írsele de entre las uñas, ya que se le fue la instrucción y si a Vuestra Reverencia no le cuadra esta hilación podrá ser que le cuadre a otros pero de haberle quitado estas no se había quejado hasta que dicho capitán corzante apresó La Valandra manifestando El Carcelen en esto que quería hacer presa en lo apresado porque en ser Ladrón ni pierde lance ni lo perderá ni lo perdio en este [cortado]

f. 262 le hace porque lo puede ser del infierno la suya en el enrredar, en el mentir y en el codiciar y no sabe el pobre, qué cosa sea disparar balas ni otra cosa por otra boca, pero por la suya no hace otra cosa que disparar, y todo esto es anejo a su maliciosa ignorancia y con ella ha trastornado toda esta ciudad mintiendo, y haciendo mentir a otros con nota grave del propio honor, y perjuicio mortal de las conciencias: *diligite lumen sapientia, omnis qui precitis? populis* /al margen: Sap 6.23/ y como al Carcelen le falta esta, y no abre los ojos sino a la luz del oro, al primer lance de divisarlo, se queda colgada de las agallas la justicia del Carcelen *cito violatur auro, justitia* y hasta las gracias que hace por mandatos que le es preciso obedecer, las hace con usuras pues si de lo en que ha condenado, le rebaja 200 pesos estos mismos 200 pesos y algo más, que denuncio se le ofrece añadir, los carga a los demás inocentes a quienes ha hecho causas y en fin es juez el Carcelen, que en causas y circunstancias iguales condena rigurosamente a unos y perdona a otros y a esta traza es todo el obraje del Carcelen sin que en todo él haya hueso con hueso, si algún grande algebista [sic: algebrista] no los compone: pero que mucho se vean tales desconciertos en un obrar femenil? *quid refert, utrum mulieres ipse gubernent? an eos qui gubernant, amulieribus gubernan?* en lo que está puntualmente el nudo de Alejandro, que el Carcelen con erudición ingeniosa ha dado a la luz del mundo con el nombre de Gordiano (que lo gordo le cuadra mucho, y yo no le cuadro poco) y por esto se dijo: *dissolve cobligationes imputatis* /al margen: Isaías 58 le S. Joann 3.8/ y que para deshacerlas vino al mundo el hijo del hombre, *ut dissolvat opera diaboli* pues no es bastante menos poder para desatar los nudos, que El Carcelen a introducido en esta ciudad proclamándose antídoto y siendo venenoso sembrador de discordias, fundando el ser juez en establecerlas con permanencia, y permaneciendo en ejecutar como ejecuta en amenazas, dichos y hechos cuanto le es ajeno de hacer, decir y amenazar, según tanto se lo predijo. *Ad discordias seminandas pessimo cinque plurima vis* y en estas funda El Carcelen sus fuerzas todas, prorrumpiendo fácil *prendere a Bambelle* haré y aconteceré , sin discurrir, que los mas efectivos venenos, están de ordinario en los animales mas inmundos y que los buenos jueces no han de hacer obras ni decir palabras, que no sean en agrado de Dios porque *id possumus, quod luite possumus*y el Carcelen ha puesto a esta ciudad en tales angustias, que aún para reclamar su misericordia divina no le deja lugar /al margen: epístola 14.2 et super Isaías capítulo 6/ como del tiempo de Faraón los sintió San Gerónimo *Filg Israel, Vivente Pharas*

f.262v. *ned Deum clamoren poterant.* Y por menor opresión que la que en Cartagena ha causado y está causando el Carcelen, se dijo *sententia omne cu voce pariter perdidis semus sitan in nostra potestate esset , non seentire, qua taure.* Y sin embargo de que ni un corista guarda más silencio por el respecto a su maestro de novicios, que en Cartagena se guarda por la facilidad con que el Carcelen fulmina causas de prisión, y secreto de bienes contra quien se queja de sus insolencias (término suyo es, tranquilo) proveyó un auto para que mientras disipaba los bienes dotales de una dama (quien culpablemente tiene en un castillo a su esposo preso) callara la tal señora, y lo logró, siendo el primero Carcelen, que en esto haya hecho ejemplar: y cierto mi padre, lector, que claman con empeño apretado estas cosas a la defensa condigna de ofensas tales, por no experimentar en la fama, y en la vida lo que Joram, por haber vuelto a su pueblo las espaldas, y dejádolo indefenso por que a Jehu no lo redujo con dos palabras, que le dijo desde su coche y enfadado Jehu de tan poca resolución ejecutó en Joran [sic: Joram] esta muerte digna de observación por sus circunstancias: *Percussit Joram inter scapulas, et egresa esta sagita per corcius* sentencia del cielo, que al que le faltaren bríos para hacer cara a sin razones, y para defender sus pueblos, que le están encargados, salga la saeta por el corazón, que no entró el coraje, Nuestro Señor nos de el coraje y el corazón tan anivelados con el recto fiel de su justicia divina que no sea más la cólera que loque la razón pida, y en las presentes calendas, quien mejor partido tenga en esta deprecación después de todas sus cuchilladas, será el Carcelen, pues habrá de aguantar el pobre las que el Señor Oidor Mier le tire en su visita, y desde la primera vista (que será más recia, si fuere en Cartagena) verá ejecutada la pena del talión y el que estuviere cerca neogociará mejor, que si estuviera en Muso porque al acotarlo con su petrina, saltarán las esmeraldas, aunque ya han saltado en el Consejo de Indias con testimonio de cuantas tiene con que este caso queda ceñido, y Bambelle lo hará de Corte soltando todas las palomas de sus palomares, de donde El Carcelen no probará prihones pero probará el resumo de las plumas, y de sus doctas plumadas, con cuya muestra apetecerán ansiosas todas las de su Comisión conque sin duda alguna quedará para siempre descañonado, como lo quedare yo si sigo el imposible de contar sus innumerables y increíbles embustes, y trapaces y para el juicio de Vuestra Reverencia basta esta corta insignuación sobre que espero su sentir con las buenas noticias de su salud cuya vida guarde Dios : Cartagena y mayo 9

f.263 hoy dia de la Santísima Trinidad, (que también hace misterio a este caso) 25 de Mayo del Año del Nacimiento de Nuestro Señor Jesucristo (todo es del caso) 1687. Ya Vuestra Reverencia sabe, que no tengo más libro que El Breviario Viejo de que Vuestra Reverencia me hizo caridad, y de él he sacado estos latines, y el parrafito justinianeo estaba en la última hoja entre la memoria de los recados, que a Vuestra Reverencia había dado un pulpero en cuenta de la limosna de unas misas y asi no se si el párrafo viene, o, no viene al propósito.

Beso la mano de Vuestra Reverencia su mejor siervo; *qui vera dicit.*

25. Denuncias infamantes en lenguaje maya: "si lo hiciera el pobre indio [...] lo castigaría el señor cura
julio 3, 2011

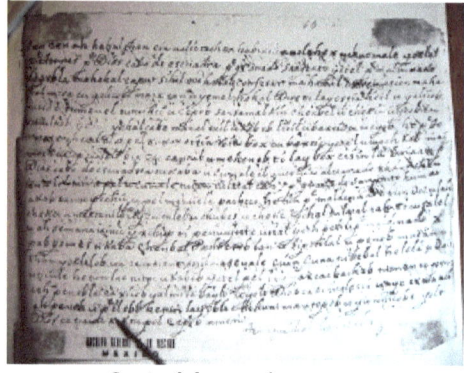

Copia del pasquín maya

Tipo de documento: Pasquín

Lugar de publicación: Mérida de Yucatán, Nueva España

Fecha: 1774

Autor: anónimo, escrito en lenguaje maya

Transcripción del original: María del Carmen Corona (proyecto de Servicio Social, Universidad Autónoma Metropolitana-Iztapalapa, México, D.F.)

Fuente: AGN, México, Inquisición, v.1187, exp.2, fols.59-62.

El pasquín que compartimos hoy con ustedes es bastante sorprendente y poco delicado, pero nos acerca a elementos aún inéditos de la historia. Nos sensibiliza, por una parte, con el lenguaje sexual utilizado en la segunda mitad del siglo XVIII en un área de alta influencia india de la América hispánica y por la otra, con la capacidad de crítica de su(s) autor(es) frente a comportamientos considerados altamente censurables.

Varios historiadores ingleses y franceses han estudiado el fenómeno del pasquinismo asociado a la sexualidad. Algunos se han centrado en los temas específicos de la prostitución y de la sodomía. En algunos de estos escritos se aprecia la forma en la que el sexo se utiliza como metáfora de la política. El lenguaje de tipo sexual servía para realizar varios tipos de denuncia. En el caso del pasquín de Yucatán apreciamos una reiteración del término "coño" para evidenciar el escaso respeto de los religiosos para con el voto sagrado del celibato, en consecuencia, el amancebamiento con mujeres indias y negras de su feligresía. Detrás de esto hay una queja mayor vinculada al abuso general de los indios. Este pasquín fue originalmente escrito en lenguaje maya y transcrito al español. El lenguaje usado es muy sencillo y utiliza de hecho un castellano rudimentario. Estas evidencias no son suficientes para afirmar que haya sido en realidad escrito por un nativo de aquellas tierras. En muchas ocasiones era una estrategia para encubrir la personalidad de algún letrado y probablemente, de un religioso que convivía con los propios indios y que conocía muy de cerca su forma de articular las ideas y de expresarlas de forma oral y escrita. El notario del Santo Oficio de la Inquisición, quien transcribió y tradujo este pasquín, exponía también sus dudas sobre el verdadero origen indio del mismo:

> "y aunque en materia tan desordenada sigue lo escrito, y relatado mas orden del que observan comunmente en sus

escritos, y relativas los mismos indios de este país pues es constante, que por lo regular son vastos, y confusos en exponer por escrito sus conceptos, como también sabido lo pusilánimes que son para sacar a lo público producciones tan exorbitantes, y expresiones tan cuidadas y mordaces como contienen los enunciados carteles especialmente contra los Padres".[106]

El pasquín exudaba indignación y estaba saturado de recriminaciones de tipo moral, en donde el autor evidenciaba una forma de injusticia que se podría resumir en el famoso dicho de "el cura predica pero no practica". En el documento son mencionados con nombres propios los religiosos impugnados y sus "cómplices".

El pasquín cierra sus argumentos con un elemento político cultural de gran interés: el deseo de que los ingleses los ayudaran a expulsar a los españoles. Este era un sueño de vieja data que recorrió el continente y que se fue transfigurando desde el siglo XVI hasta el siglo XX, y cuya vertiente más conocida se encuentra en el virreinato del Perú.

Presentamos aquí la transcripción literal:

En testimonio de Verdad

Bachiller Juan Antonio Velazquez

Notario del Santo Oficio.

Certifico yo el Bachiller Don Juan Antonio Velazquez Notario del Santo Oficio de La Ynquisicion/ de La ciudad de Merida, que aviendo Leido con el cuidado, que cor/ responde el contenido, que esta â La buelta de este papel es/ crito en Lengua maya impuesto en todas sus expreciones he pasado â traducirlo al castellano con La mayor puresa claridad de mandato del Señor Comisario de dicho Santo Oficio Doctor Don/ Pedro de Mora, y Rocha, y todo el tenor de sus expresiones es â la/ letra como se sigue = Yo veridico informante os digo Lo/ mismo, que vosotros sabeis por el Padre Torres, Padre Dias/ Cabo de escuadra, Padre

---

106 AGN, México, *Inquisición*, v.1187, exp.2, f.59v.

Granado Sargento, y el Padre Mal-/ donado, que estos no hacen verdadero Baptismo verda-/ dero Sacramento de Penitencia, verdadera Extrema-/ uncion, ni verdadera missa, ni tanpoco baja Dios verda-/ dero â La hostia con que La dicen, por que tienen tieso el/ carajo todos Los dias, y solo en Joder â Las amigas estan/ pensando: quando amanece tienen mui hedondas Las ma/ nos de estarse Jugueteando â sus mancebas: el Padre To/ rres esta entretenido en Jugetear con su mano man/ ca el coño del Diablo Feo de la negra Rita, no debe de/ tener mando el carajo, pues van quatro hijos que tiene en/ esta negra del diablo: así tambien el Padre Dias cabo de/ escuadra se esta Jodiendo el coño de su Comadre Antonia/ Alvarado de Bolonchen delante de todo el pueblo con ti-/ tulo de Comadre suya: el Padre Granado Sargento La [cortado]/ ce toda esta apretando el coño de Manuela Pacheco: y el Padre Maldonado esta acabando de Joder â todos sus feligreses, para venir aca â proseguir en hartarse â joder; Sa/ be todo el pais, que del pueblo de Pencuyut tiene semane/ ro, y muger para cebo de dicho Padre, La qual se Llama/ Xpab Gomes (esto es Paula, ô Fabiana) solo Los Padres tie-/ nen Licencia de Joder sin que se les hable palabra; si lo/ hiciera el pobre indio Luego al punto Lo castigaria el/ Señor Cura, pero â estos hijos de puta hiendoles Las/ manos con Los coños de tanto estar Jodiendo se van â decir missa así quiera Dios, que entre aca el Yngles, pue/ de ser, que no sean tan Luxuriosos sus padres; mas a estos solo Les falta andar Jodiendo el ciclo de La gente/ quiera Dios que se Les llaguen Las cabesas de sus cara/ jos, Amen, soy veridico informante= Este es puntualmente el contenido del antecedente papel cuya traduccion a fiel, y Legal, y para su cumplimiento/ he visto, y registrado con toda La inspeccion, que de/ y requiere por gravedad de La materia todas sus clau/sulas, y sus periodos, Las que hallado uniformes en/ Letra, y en el estilo, y que estan escrito todo segun el uso,/ practica del idioma yucateco, y aunque en materia tan/ desordenada sigue en Lo escrito, y relatado mas orden del que/ observan comunmente en sus relaciones, y escritos Los mismos indios de este pais, pues es constante, que por Lo regu/ lar son vastos, y confusos en exponer por escrito sus/ conceptos, como tambien es muy sabido Lo pusiláni/ mes, que son para sacar al publico producciones todo/ exorbitantes, y expreciones, tan audaces, mordaces, ê in/solentes como contiene el enunciado cartel, especial/mente contra Los Padres, y ministros del Altar, â quienes notoriamente tratan estos naturales con muy re/gular acato, y veneracion. Certifico así mismo, que/ otro papel, que me ha mostrado el referido Señor Comisario/ del mismo tamaño, y Letra, que el que acabo de tra/ ducir es copia Literal de este sin discrepar en una so/ la silaba, y para que conste averlo yo reconocido con/ el mismo cuidado, que al primero pongo en su rever/ so mi firma en esta Forma = en testimonio de verdad/ Bachiller Juan Antonio Velasquez Notario del Santo Oficio y para que conste/ donde convenga doi esta que Juro in verbo sacerdotis/ en presencia de dicho señor Comisario ser fiel, y Legal según/ todo mi Leal saber, y entender en La Ciudad de meri/ da en dies y nueve dias del mes de octubre de mil sete/ cientos setenta, y quatro años.

1 comentario a "Denuncias infamantes en lenguaje maya: "si lo hiciera el pobre indio […] lo castigaría el señor cura" "

1. Hugo Santander Ferreira el 03/07/2011 a las 7:05 AM

Excelente investigación; escenas así fue las que motivaron a Lutero y Calvino a anular los votos de castidad en la iglesia protestante.

26. Injurias por todo el continente americano: ¿Qué pasó en 1794?
septiembre 4, 2011

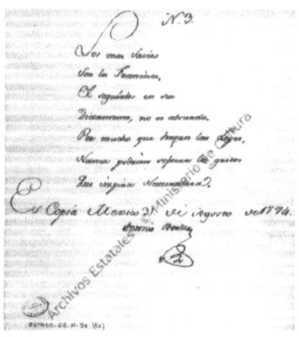

Copia de un pasquín a favor de la libertad francesa

El año de 1794 resulta particularmente atractivo debido a que en ese momento comenzó una inusual difusión de pasquines de tipo continental. En las décadas precedentes se dieron acontecimientos de trascendencia internacional que se filtraban

132

casi siempre de manera clandestina: la Revolución de las trece colonias americanas contra Inglaterra (1776), la Revolución francesa (1789) y la Revolución de Haití (1791). El eco de estos sucesos, así como la inconformidad con los planes para reformar la monarquía hispánica liderados por los gobernantes borbones, parecen plasmarse en los reclamos que con insistencia empezarán a aparecer en las calles de muchas ciudades hispanoamericanas, desde la Nueva España hasta el Río de la Plata. El reclamo: Libertad. Ya veremos en otros momentos el sentido de esta palabra. También es importante destacar que España estaba librando una guerra contra Francia desde 1793. Francia y los franceses son una constante en las apelaciones pasquinescas.

En esta entrada nos referiremos a uno de los pasquines aparecidos en la ciudad de México. Con relación a esta situación específica, entre los hechos que pudieron ayudar a alterar los ánimos encontramos la noticia de la ejecución de Luis XVI el 21 de enero de 1793,[107] y las discusiones en la Audiencia de expulsar a los franceses residentes en la Nueva España.[108] Dos años atrás (en 1792) según contaba el arzobispo de México, Alonso Nuñez de Haro y Peralta, se escuchaban ya rumores de que peluqueros, cocineros y comerciantes franceses junto a "gente del país", se reunían en tertulias en donde "tenían conversaciones libres en que aprobaban y aplaudían las detestables máximas y perversa doctrina de la convención de París".[109]

Con esta entrada damos inicio a una exploración documental para registrar estas apariciones y concederles el peso que merecen en el contexto de protestas que podemos asumir como colectivas. El primero de estos pasquines lo ha rescatado Gabriel Torres Puga en su obra *Opinión pública y censura en Nueva España*.[110] El papel injurioso aparecido en la calle de Provincia el 24 de agosto de 1794 decía así:

---

107 Torres Puga, Gabriel, *Opinión pública y censura en Nueva España*. México, D.F., El Colegio de México, 2010, p.419.
108 Ibíd, *op.cit.*, p.426.
109 AGI, Estado 41, n.22, f.1.
110 Torres Puga, Gabriel, *op.cit.*, 427.

"Los más sabios
Son *los franceses*.
El seguirlos en sus dictámenes, no es absurdo.
Por mucho que hagan las leyes
Nunca podrán sofocar los gritos
Que inspira la naturaleza".[111]

Como éste, se dice que aparecieron muchos otros pero que no fueron localizados.[112] La versión de uno de ellos podría ser:

"Solo los franceses son sabios
Los hombres nacieron libres
Y ninguna potestad, divina ni humana
Tiene facultad de imponer leyes a la naturaleza".[113]

En este periodo y en otras ciudades de la Nueva España aparecieron también pasquines: Puebla (28 de agosto de 1794), Fresnillo (19 de octubre de 1794) y Huichapan, este último relativo a un asunto inquisitorial (Ernesto de la Torre Villar, Documenta insurgente, p.48, Torres Puga, p.430). En esta misma coyuntura le fue encontrada una moneda a un indio de Zacatecas con un "dogal al cuello del Real busto".[114]

En las próximas entradas nos desplazaremos a América del Sur para ir confrontando evidencias. Saludos.

4 comentarios a "Injurias por todo el continente americano: ¿Qué pasó en 1794?"

1. Gabriel Torres el 14/09/2011 a las 12:00 AM

---

111 La copia de este pasquín la colocamos como imagen de esta entrada y puede consultarse también en AGI, *Estado*, 22, n.30, i.29, fol.1.
112 AGI, *Estado*, 22, n.30, f.5v.
113 Torres Puga, *Op.cit.*, p.426.
114 De la Torre Villar, Ernesto, *Documenta insurgente: catálogo de los documentos referentes a la independencia de México compilados por Luis G. Urbina*. México, D.F., UNAM, 2003, p.48.

Felicitaciones por publicar nuevamente un papel que hace más de doscientos años se fijó en una de las esquinas "más públicas" de la ciudad de México. Idealista, sencillo y al mismo tiempo provocador. Vuelvo a leerlo y me pregunto nuevamente: ¿Cómo fue posible que este simple texto provocara los peores miedos y desatara una persecución contra los franceses radicados en la ciudad? Espero compartir pronto algunos libelos en este blog. Felicitaciones nuevamente a Natalia.

2. Natalia Silva Prada el 14/09/2011 a las 3:23 PM

Gabriel, continuando con el debate que iniciamos en el congreso de historiadores en Querétaro (2010), yo sigo teniendo mis reservas sobre el asunto del miedo de las autoridades. No creo que la aparición de un libelo fuera el único detonante de las persecuciones a los franceses, sino el conjunto de acontecimientos e indicios que venían ocurriendo. Cuando apareció este libelo ya había noticias de otros por el continente, así como rumores muy fuertes de conspiraciones. Podríamos pensar que el problema de seguridad tenía un peso importante en medio de una guerra y tras los hechos de la Revolución francesa. Seguramente al miedo podemos atribuir parte en las persecuciones, pero no era esta una variable única. Gracias Gabriel por agitar el debate y ojalá tengamos la oportunidad de darle continuidad.

3. Alejo Márquez el 07/10/2011 a las 2:08 AM

¿Qué tal profesora Natalia?. Me ha parecido interesante esta discusión sobre el miedo de las autoridades virreinales frente a la difusión de pasquines que militaban por la propagación del pensamiento revolucionario. En este sentido recuerdo que para una pequeña investigación que realicé para el curso de Historia de México II, siglos XVIII-XIX, me encontré con un intercambio de correspondencia entre obispos, el arzobispo de la Ciudad de México, el Virrey y los Cabildos. Las dos últimas instancias tenían la orden expresa de informar de la existencia de unos facsimilares de un edicto promulgado por José Bonaparte -cuando fungía como monarca de la Corona española- entre la población bajo sus respectivas jurisdicciones. Lo interesante del asunto es que en la correspondencia hay una constante alusión a la sensación de temor que les provocaba la propagación de dicho edicto, en el cual Bonaparte ofrecía apoyo a la causa insurgente. Hasta donde encontré información, el edicto parecía haber sido ingresado de forma clandestina a través de un grupo de Dragones de la Reina. Aunque no es posible conocer su contenido -puesto que fue ordenada su expresa

135

destrucción- las pesquisas me permitieron tener una noción de las proposiciones del ilegítimo monarca. A mí me pareció, en lo particular, muy interesante, porque este acontecimiento puede ser un claro ejemplo del miedo de las autoridades virreinales. Sé que este tipo de documento no es un pasquín pero puede ayudar a percibir la fuerza de este sentimiento entre las autoridades. ¿No cree?

4. Natalia Silva Prada el 12/10/2011 a las 6:04 PM

Alejo, gracias por el comentario. Si, cada día nos vamos encontrando con más documentación que avala la participación de grupos muy heterogéneos en la vida política de diferentes periodos históricos. Yo creo que el análisis de estos documentos no debe realizarse a partir del miedo de las autoridades como un vector, sino tomando en cuenta que ese miedo tenía un sustento más real de lo que se ha pensado y por ende, revela también una dinámica política que trasciende el mecanismo causa-efecto. Ese testimonio que tú traes a colación es muy valioso pues muestra que la idea de las conspiraciones no era solo imaginaria. De la misma manera, el experimento de rastrear pasquines por todo el continente apunta a mostrar que los procesos de difusión de noticias y el papel de la comunicación estaban muy presentes. Esos procesos nos hablan también, de una ampliación de la opinión pública y de una superación de la dimensión local.

27. 1794 desde la esquina opuesta del continente: pasquines más incendiarios
septiembre 13, 2011

Catedral de La Paz

En el Alto Perú, específicamente en la ciudad de la Paz, tuvo lugar la aparición más temprana de pasquines durante 1794. Anticipándose a los de México, Santafé de Bogotá o Buenos Aires se hicieron públicos en los últimos días de marzo estos dos pasquines:

> "Mueran los poderosos criollos, y ladrones europeos, a barrilazos de pólvora; viva *Francia* y las Indias entre los plebeyos y naturales. Levantémonos".[115]

El segundo:

> "Amados compatriotas para que demos fin con ladrones nuevamente hemos convocado a nuestros leales vasallos para este 94 y no hagan caso de sus armas porque en tres días hemos de minar con barrilazos de pólvora porque Dios lo permite así. Tendrán presente que el 27 de abril en el año de 87 pusimos pasquines al obispo al cabildo y puertas de iglesias fuera de otros que mandé a mis lugares donde lo mismo vamos a cumplir y a la seña que daremos estén prontos y acabemos con villas ciudades y pueblos quedando religiosos sin perdón a los monigotes y biatas cuyos tributarios mis naturales de Milliscos caciques vivamos entre plebeyos y *Francia* mueran los ladrones viliscos y se fijen en mis ayllos. Carabaya, 29 de marzo del 94 (Muchas patas de mosca por firma)".[116]

Quien escribía lo hacía apelando a su autoridad como cacique, siguiendo la fórmula de las reales cédulas y respetando la superioridad divina, más no la instancia religiosa terrenal. En manera muy satírica evidencia que no firma sino que coloca un elemento gráfico simbolizado por "patas de mosca". El segundo pasquín pretendía ser ante todo, una poderosa advertencia. Existe una protesta airada contra todo el mundo español, el cual incluía a criollos y a peninsulares. La amenaza de acabar con la organización existente, tanto política como de las jerarquías sociales ("vivamos entre plebeyos") hace pensar en la idea de la existencia de un plan rebelde apoyado por Francia y por los

---

115 Julio C, Valdés. *Picadillo*. La Paz, Taller litotipográfico, 1898, p.91.
116 Ibíd, *Op.cit.*, p.92.

"ayllu", la célula local prehispánica de organización sociopolítica. Veremos en otras entradas la amenaza conspirativa que se rumoró por esta época y en donde incluso se habló de criollos que se entrevistaron en Europa para buscar apoyo a ciertos planes de insurgencia.

La lectura de estos libelos nos informa de otro interesante hecho, el de la previa publicación de pasquines en abril de 1787 contra el cabildo y el obispo. En México, a finales de agosto de este mismo año, aparecieron injuriosos pasquines tras la muerte de José de Gálvez. En Quito fue a finales de noviembre. Una posible conexión entre todas estas manifestaciones de descontento puede ser el endurecimiento de las medidas fiscales reformistas y la reacción local de cada uno de los sectores afectados.

Fuente: Julio C. Valdés, *Picadillo*. La Paz, Taller Tipolitográfico, 1898.
Fotografía: Iglesia de San Francisco, La Paz

2 comentarios a "1794 desde la esquina opuesta del continente: pasquines más incendiarios"

1. Lourdes García Urbina el 05/10/2011 a las 6:47 AM

Hola. Soy estudiante de Comunicación Social en UNMSM. Voy en IV ciclo y estoy haciendo una monografía acerca de "Los pasquines en el siglo XVIII". Me gustaría saber si puedo encontrar en algunos archivos estos pasquines, básicamente los que se publicaron en el Perú virreinal, así como bibliografía. Tengo varios libros pero quisiera uno que me cuente la historia en sí, que me dé un acercamiento más exacto.

2. Paulo C. Bársena el 15/09/2011 a las 10:20 PM

¡Muy buen aporte!!!

28. Más pasquines favorables a la libertad francesa: Lima, Cuzco y Huamanga

septiembre 23, 2011

Defensa de la libertad

Seguimos en el sur del continente para dar fe de cómo también en el Perú se hizo propaganda de las ideas revolucionarias francesas a través de pasquines o de escritos enviados por correo con contenidos de naturaleza libelar. La historiadora Claudia Rosas Lauro en el libro que editó en 2005 titulado *El miedo en el Perú*, rescató de una colección documental del año 1972 dos pasquines y un escrito injurioso. Volvemos a reproducirlos para ubicarlos en el contexto que venimos rescatando en esta nueva serie.

En Lima el 19 de mayo de 1794 aparecieron estos dos pasquines:

> 1) "QUÉ HACES CIUDAD QUE NO PROCURAS TU LIBERTAD"

> 2) "VIVA LA FRANCIA Y VIVA LA LIBERTAD"

Contemporáneamente, el obispo del Cuzco recibió este escrito por vía epistolar:

> "Viva la libertad francesa y muera la tiranía española. No hay más de un Dios y Jesús que fue su legislador".

Del mismo tenor y aunque no lo conocemos, fue enviado al obispo de Huamanga otro texto.

El día 10 de junio de 1794 se expidió un decreto para registrar a todos los franceses que vivían en las ciudades en donde aparecieron los pasquines, porque por supuesto, se convirtieron en los primeros sospechosos de ser sus autores.

Fuente de la imagen: Gallica. Biblioteca Nacional de Francia.

El texto en la imagen que acompaña esta entrada dice: "Que faites vous? Je chante la liberté. La liberté! Mon cher, vous êtes exhalté. Pourquoi? Dans cet état! Oh! mais ne vous déplaise, c'est que je chante... Eh! bien! la liberté française" [estampe] / [non identifié].

2 comentarios a "Más pasquines favorables a la libertad francesa: Lima, Cuzco y Huamanga

1. El historiador el 23/09/2011 a las 7:11 PM

Muchas gracias Natalia por la referencia a mi país. Hay un catálogo de volantes de la época colonial que se encuentran en la Biblioteca Nacional del Perú. Veré si está en formato digital para mandártelo a tu correo. Un abrazo.

2. Natalia Silva Prada el 23/09/2011 a las 9:08 PM

Muchísimas gracias Víctor. Sería un gran apoyo y de nuevo gracias por el espacio que das a mi blog en "El espejo de Clío".

29. William Lamport o Guillermo Lombardo de Guzmán: mis reflexiones históricas
septiembre 29, 2011

Representación contemporánea de William Lamport

Esta entrada tiene el propósito de recoger todos aquellos trabajos de investigación de mi autoría en los cuales he reflexionado sobre la vida de William Lamport, más conocido en el ámbito hispánico como Guillermo Lombardo de Guzmán, irlandés de singular vida. Un gran número de sus acciones y escritos me han servido para profundizar sobre los significados de la vida política del siglo XVII novohispano en particular, e iberoamericano en general. Además de los escritos de carácter científico, incluyo un libro pensado para fomentar el interés literario en los niños, así como una de las entradas en este blog para comentar su "Proclama por la liberación de la Nueva España".

Publicaciones en donde el caso de William Lamport es el tema central:

"**Placer y dolor en la escritura de reclamo político: cartas, pasquines y otras especies novohispanas del siglo XVII**" en Lillian von der Walde et.al. (edis.), *"Injerto peregrino de grandezas admirables". Estudios de literatura y cultura española e hispanoamericana (siglos XVI al XVIII)*. México, Universidad Autónoma Metropolitana, Iztapalapa, 2007, p.683-716.

"**Orígenes de una leyenda en el siglo XVII: redes irlandesas de comunicación y propaganda política en los casos inquisitoriales novohispanos de Guillermo Lombardo y fray Diego de la Cruz**", *Signos Historicos*, Departamento de Filosofía, UAM-I, n.22, (jul.-dic., 2009), p.8-42.

"**Irish News in the New Spanish Kingdoms: the Circulation of Political Information about William Lamport and Diego Nugent, 1642-1667**" in *Irish Migration Studies in Latin America*, 7:1 (March 2009), p. 5-20. Disponible versión online http://www.irlandeses.org/imsla0903.htm

William Lamport, rey de las Américas y Emperador de los mexicanos. Colección Déjame que te cuente. Serie Clásicos novohispanos. México D.F., Universidad Autónoma Metropolitana, 2009. [Literatura juvenil].

"**Otra vez William Lamport y la Biblioteca Digital Mexicana**". Entrada del blog publicada el miércoles 30 de marzo de 2011.

Publicaciones en donde se menciona a William Lamport o se usa para referenciar situaciones de tipo político o es parte importante de un texto general:

"**El año de los seises" (1666) y los rumores conspirativos de los mulatos en la ciudad de México: profecías, sermones y pasquines, 1608-1665**" en *Nuevo Mundo Mundos Nuevos* [Online], Debates, 27 de octobre, 2012. http://nuevomundo.revues.org/64277

"**Pasquines contra visitadores reales: opinión pública en las ciudades hispanoamericanas de los siglos XVI, XVII Y XVIII**" en James S. Amelang y Antonio Castillo Gómez (dirs.), Carmen Serrano (ed.), *Opinión pública y espacio urbano en la Edad Moderna*. Gijón, TREA, 2010, p. 373-398.

"**Cultura política tradicional y opinión crítica: los rumores y pasquines iberoamericanos de los siglos XVI al XVIII**" en Riccardo Forte y Natalia Silva (coords.), *Tradición y modernidad en la historia de la cultura política (siglos XVI-XX)*, México, Juan Pablos-UAM-I, 2009, p. 89-143.

"**El disenso en el siglo XVII hispanoamericano: formas y fuentes de la crítica política**" en Riccardo Forte y Natalia Silva Prada (coords.), *Cultura Política en América:Variaciones temporales y regionales*. (Biblioteca de Signos). México, D.F., Universidad Autónoma Metropolitana Unidad Iztapalapa-Casa editora Juan Pablos-GEHCPA, 2006, p.19-42. ISBN: ISBN:978-970-31-0791-9.

"**La oposición a la Inquisición como expresión de la herejía: reflexiones sobre la disidencia en el mundo colonial americano**" en *Herejías*, número monográfico de la revista electrónica *Vitral*, Buenos Aires, GERE-Prohal, 2008. ISSN: 1851-9091

http://www.filo.uba.ar/contenidos/investigacion/institutos/ravignani/prohal/dossierhere.html

Imagen: Ilustración de Guillermo de Gante en Silva Prada, Natalia. *William Lamport rey de las Américas y emperador de los mexicanos*, 2009, p.4.

30. En Santafé de Bogotá: máxima alerta en 1794 y la rebelión de los pasquines
octubre 6, 2011

Colegio Mayor del Rosario, Bogotá

En el virreinato de la Nueva Granada hubo una gran exaltación en el año de 1794 provocada por una serie de pasquines similares a los que hemos comentado para algunas ciudades de la Nueva España y del Perú. En aquella época se habló de conspiración y los historiadores hablan todavía hoy de la rebelión de los pasquines, refiriéndose a los hechos ocurridos en este año.

¿Por qué ha recibido más atención esta rebelión de pasquines que las otras? Esta es una pregunta que no podremos resolver por el momento pero que deberemos retomar más adelante. ¿Se trató acaso de sucesos de mayor envergadura? ¿o las autoridades agitaron las aguas más que en otras partes? ¿o, esto también es viable, ha influido la atención particular prestada por los historiadores? Quizás se trate de una suma de variables. Vayamos por partes.

¿Cuáles fueron los famosos pasquines que llevaron a hablar de una rebelión? Recuperemos los que se conocen:

> "Si no quitan los estancos
> Si no cesa la opresión
> Se perderá lo ganado
> Tendrá fin la usurpación" (1).[117]

---

117 AGI, *Estado*, 56A, n.2, bloque 7, f.1v.

"El apuntador de la compañía de cómicos de esta ciudad representa hoy la gran comedia: El Eco con el correspondiente sainete por octava vez: La arracacha y la respectiva tonadilla por novena ocasión: El engañabobos se avisará si hay o no" (2).[118]

"Hagan de esos hombres lo que intentan que prometemos a costa de nuestra sangre que todos morirán cuando virrey y engolillados menos piensen [y] si hasta ahora no nos hemos metido en nada ha sido *esperando a ver que hacen con esos hombres* luego no les pese caro *les ha de costar los tormentos que les han dado a esos inocentes pues lo que no ha sido será si no les dan su libertad*; *el gobierno lo que está solicitando es perderse y perder las Indias nuestro soberano*; todo dimana de unos hambrientos europeos, que vienen sabe Dios como. Santafé se acabará, el día de la quema se verá el fuego; el excelentísmo virrey como presidente que es contenga a los señores". (3)[119]

En su momento, los *Derechos del hombre* fueron calificados como un papel sedicioso. Este importante texto es posible que haya sido el elemento que llevó a definir a estas publicaciones transgresoras como "rebelión".

Al contrario de lo que ocurría normalmente, las diligencias judiciales para encontrar a los culpables llevaron a determinar que el 19 y 20 de agosto de 1794 los jóvenes estudiantes del Colegio Mayor del Rosario, menores de edad criollos y europeos, don Luís Gómez, don Pablo Uribe, don José María Durán y don José de Arellano, habían sido los autores de los pasquines que habían escrito la tarde anterior en la casa de Arellano, el peninsular delator. Un año después, fueron acusados de conspiración, profesores y estudiantes de leyes del mismo Colegio.[120]

---

118 AGI, *Estado*, 56A, N.2, bloque 7, f.1v.
119 Recuperado por Renán Silva en *Los ilustrados de Nueva Granada 1760-1808: genealogía de una comunidad de interpretación*. Bogotá, Banco de la República, 2002, p.100.

120 Víctor M. Uribe Urán. *Honorable Lives: Lawyers, Family, and Politics in*

Los hechos alrededor de los pasquines de Santafé se volvieron más graves, según un profesor colombiano, por una importante coincidencia: el descubrimiento de la impresión clandestina de los Derechos del Hombre de 1789 en la imprenta de Antonio Nariño en el mismo año de 1794. Renán Silva Olarte aduce que esta fue la circunstancia por la cual las autoridades dedujeron la existencia de una conspiración general para destituir a las autoridades legítimas e instaurar "la libertad francesa". Pero nos preguntamos, se trató realmente de una "coincidencia" o ambos hechos fueron parte de un mismo proceso? En Buenos Aires y en México también se rumoró una conspiración y no se contaba con la presencia de *Los derechos del hombre*.

El tercer pasquín –no incluido en la primera denuncia- se ha publicado evidentemente cuando los "autores" de los pasquines ya estaban presos. Ese es el tema de la primera parte del pasquín. Constituía una amenaza contra las autoridades para obtener la liberación de los supuestos autores e incluso para evitar que el rey llegara a perder las Indias. La advertencia mayor estaba dirigida al virrey, que como presidente de la Audiencia debía detener a los oidores.

Por ahora, dejemos hablar a las autoridades de la época, quienes interpretaron así los pasquines sediciosos:

> "Se han fijado en varios parajes públicos de esta Capital algunos pasquines dirigidos, según su contexto, *a inflamar los ánimos con especies sediciosas contra la autoridad del Gobierno, y contra el establecimiento de las Rentas que tiene Su Majestad destinadas para el fomento y conservución de este Reino* y para otros fines no menos útiles a sus mismos habitantes".[121]

Fuente de la imagen: Colegio Mayor del Rosario

http://www.banrepcultural.org/blaavirtual/historia/bogotacd/hit2c.htm

---

Colombia, 1780-1850. Pittsburg, University of Pittsburg, 2000, p.41.
121 Carta del virrey José de Ezpeleta a varios provinciales de órdenes religiosas. Santafé, 27 de agosto de 1794.

2 comentarios a "En Santafé de Bogotá: máxima alerta en 1794 y la rebelión de los pasquines"

1. Juan David el 19/10/2011 a las 4:01 AM

Además de la cuestión de los pasquines y la traducción roussoniana, en el Nuevo Reino ya se hacían palpables otros síntomas de inconformismo respecto a la autoridad virreinal. El caso de Pedro Fermín de Vargas es muy diciente, pues emprendió una crítica mordaz contra la administración real, inspirada, según propone Lomné (2006), en el Discours sur l'origine de l'Inégalité, de Rousseau. En ella, Vargas afirmaba: "El Rey ha procurado por cuantos medios le han sido posibles, fomentar entre todos la desunión y la discordia como medio seguro de tenernos siempre sujetos, siempre esclavos. A nosotros, pues, nos toca destruir esta máxima tiranía con su contraria, si queremos recuperar nuestra libertad [...]." Como Ud. misma lo advierte, estamos ante una suma de variables...Muy buenas entradas...

2. Natalia Silva Prada el 26/10/2011 a las 12:27 AM

Gracias por la colaboración, excelente dato sobre la difusión de la idea de libertad.

31. Las banderillas de Quito: 1794
octubre 18, 2011

Calle del centro histórico de Quito

Vamos ya por la quinta entrada relacionada con los pasquines aparecidos en el año de 1794. El 21 de octubre le tocó el turno a la ciudad de Quito. En las plazas públicas e iglesias se fijaron unos pasquines que amenazaron la tranquilidad pública.

Fueron atribuidos en principio a algún gracioso y desestimados como carentes de peligrosidad. Generaron una copiosa correspondencia si nos atenemos a la materia de que trataba, pero completamente explicable en virtud del clima de la época.

La correspondencia del virrey neogranadino José de Ezpeleta sobre este asunto reposa en el Archivo General de Indias y fue recuperada en un texto de la post-independencia escrito por el historiador ecuatoriano Pedro Fermín Cevallos (1812-1893).[122] No se trataba de pasquines en papel sino de unas banderillas hechas en tafetán rojo (Después de la Revolución francesa, este color simbolizaba al desafío) con una inscripción en latín, por el anverso, *Liberi sto. Felicitatem et Gloriam consequto* [Sed libres. Consigue tu felicidad y gloria...]; y por el reverso una cruz de papel blanco, en cuyos brazos se leían las palabras *Salva cruce* [al amparo de la Santa Cruz].[123]

Nunca se supo quienes fueron los autores, pero la culpa se atribuyó a un maestro de primeras letras llamado Marcelino, por la similitud de la caligrafía suya y la del pasquín. Posteriormente, la historiografía ha designado al médico patriota mestizo, Eugenio de Santacruz y Espejo como el autor de estos libelos, con base en sus antecedentes como escritor satírico y en ciertas acciones que comentaremos adelante. De cualquier forma, por culpa de las banderillas o no, Eugenio de Santacruz terminó preso varios días después, muriendo en la cárcel a fines de 1795. Al parecer, Eugenio habría sido castigado por un delito cometido por su hermano presbítero Juan Pablo, promotor de conversaciones sediciosas.

En las declaraciones que se tomaron contra Juan Pablo Espejo se decía que entre muchas otras conversaciones, opinaba que pedir la libertad de las personas no era herejía y que "El rey es nuestro padre; pero este rey no es padre, sino un tirano".[124]

---

122 En calidad de Ministro de Estado decretó la abolición de la esclavitud en el Ecuador. Pedro Fermín Cevallos, *Resumen de la Historia del Ecuador desde su origen hasta 1845*. Guayaquil, Imprenta de la Nación, 1886.
123 La traducción del latín la hemos tomado de unos estudios de Manuel I. Monteros Valdivieso, historiador de las ciencias médicas.

Refería Cevallos que cinco meses después de la aparición de las banderillas de Quito se fijaron también en Cuenca otros pasquines y proyectos más enfáticos y directos con frases como estas:

> A morir o vivir sin rey prevengámonos, valeroso vecindario. **Libertad** queremos, y no tantos pechos y opresiones de Valle.[125] (1)

> Desde Lima ha llegado esta receta fiel. A morir o vencer conformes nuestra Ley, menos los pechos del Rey; indios, negros, blancos y mulatos: ya: ya: ya (el que rompiere su vida perder quiere) no se puede sufrir; como valerosos vecinos, juntos a morir o vivir unánimes hemos de ser. (2)

Por los años de la rebelión de Tupac Amaru, ya Santacruz y Espejo había sido acusado de ser el autor de un libelo titulado *Retrato de Golilla*, cuyo texto no se conoce, pero se sabía que atacaba a las autoridades metropolitanas. Santacruz habría leído este pasquín en Riobamba ante varias personas. En él se atacaba, entre otros, a José de Gálvez y se llamaba a Carlos IV, *rey de barajas*.

Fuente de la Imagen:
Promoción congreso empresarial
http://www.campusvirtual.uasb.edu.ec/congreso/index.php?option=com_conte nt&view=article&id=70&Itemid=80

2 comentarios a "Las banderillas de Quito: 1794"

1. Juan David el 19/10/2011 a las 5:50 AM

Muy interesantes las entradas. Hace poco comencé a leer un texto de Ekkehart Keeding y María Vásquez sobre el Teatro

---

124 Carlos Freile. *Eugenio Espejo precursor de la independencia (Documentos 1794-1797)*. Quito, Abya-Yala, 2001.
125 Pedro Fermín Ceballos relaciona este apellido con Don José Antonio Vallejo, gobernador de Cuenca en ese entonces. Los dos pasquines los tomó del proceso para la averiguación de los autores de los pasquines, abierto el 28 de junio de 1795.

Revolucionario en Quito, entre 1800 y 1817, sería interesante encontrar asociaciones entre pasquines y piezas teatrales... Lo traigo a colación a propósito de las pasiones intelectuales de Espejo y su círculo.

2. Natalia Silva Prada el 26/10/2011 a las 12:21 AM

Gracias por mostrar las asociaciones posibles entre los temas de investigación. En los comentarios a una entrada pasada discutíamos ya la asociación posible entre el teatro y el disenso.

32. Cuernavaca: Una ciudad mexicana (Historia en imágenes)
octubre 19, 2011

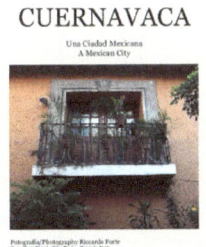

El título de esta entrada corresponde a un libro que me es muy grato anunciarles. En días pasados ha sido publicado un trabajo fotográfico de excelente calidad sobre la ciudad de Cuernavaca realizado por el investigador y fotógrafo italiano Riccardo Forte. Mi contribución al mismo ha sido la redacción de una parte de los textos. El libro consta de 156 páginas y un total de 184 imágenes, con sus correspondientes explicaciones, tanto en español como en inglés.

Este libro es el fruto de varios años de observación en una ciudad en la que el autor y su colaboradora han vivido por más de una década.

Sí, es un libro fotográfico pero también histórico, pues cada una de sus imágenes cuenta la historia de varios siglos, aun de antes de la colonización española.

Está integrado por los siguientes ocho capítulos:

1) Una ventana hacia Cuernavaca

2) El corazón de la ciudad

3) Arqueología e Historia

4) Fachadas, ventanas y cúpulas

5) Flores y plantas

6) Gente y Cultura

7) Parques y jardines

8) Adiós Cuernavaca

Las personas interesadas en su adquisición pueden ingresar al sitio electrónico de la imprenta *Blurb* haciendo click sobre la foto que aparece en la columna de la derecha del blog titulada "Historia en Imágenes". El vínculo los conduce al sitio en donde pueden hojear las primeras 15 páginas y en donde encontrarán la información de los precios de las dos presentaciones posibles: tapa dura y tapa blanda.

Al sitio también se puede acceder mediante el siguiente vínculo:

http://www.blurb.com/bookstore/detail/2572547

33. También en la Habana: un pasquín sedicioso a finales de 1794
octubre 28, 2011

La Habana

El 8 de noviembre de 1794 fue fijado en la Habana este pasquín a favor de la nación francesa:

"Si entriegan la plaza los dejamos
Y si no la entriegan los matamos.
lo hablamos con sufisiensia
porque emos de pregonar,
la libertad de consiensia
no asperen a questa rruina
porque emos de hacer poner
en la plaza, Guillotina
Viva la Nasion francesa
¿está buena aquesta pieza?". [126]

Este pasquín, hasta donde he podido averiguar, es la primera vez que se publica. Aparece mencionado en medio de una serie de acontecimientos ocurridos en la Habana. Sin dar importancia a los hechos a que se refería, el gobernador don Luis de las Casas informó al ministro de guerra sobre varios sucesos que desestimaron totalmente como preámbulos de una sedición y que fueron atribuidos al temor provocado por el reciente alzamiento de los negros de Santo Domingo y por las noticias de las posibles sublevaciones en Nueva Granada y en Nueva España. No obstante el laconismo del funcionario, los temores no eran infundados. Dos años atrás, desde la misma oficina se informó con gran prevención, de la posible declaración de guerra de Francia e Inglaterra contra España, cosa que realmente ocurrió un año después. En ese mismo documento se comentaba un alzamiento

---

126 Transcripción mía, idéntica a la copia del expediente. AGI, *Estado,* 14, n.98, fol.1r, i.21.

de franceses y de negros en Kingston.[127] El clima de agitación no disminuyó a partir de estos sucesos. En la villa de Barceloneta (Guayana) durante 1804, al juez territorial le habían dejado en su ventana tres cuadernos impresos considerados de tipo sedicioso. Contenían ideas sobre

> "Sublevar la América, especialmente este Continente"; "inflamar el ánimo de los americanos a favor de la independencia, persuadir los perjuicios y opresión que se supone ha causado la Inquisición y descubrir el concepto de justicia y regularidad en cuanto a las reservas de la Iglesia y España".[128]

Para colocar este pasquín en su contexto, no deben despreciarse algunos rumores relacionados con la revolución francesa y con la revuelta de los esclavos de la colonia francesa de Santo Domingo (1791-1793), la cual llevó a la abolición de la esclavitud en Francia hasta 1803, cuando volvió a legalizarse.

Entre los rumores que circulaban por la isla, destacaremos dos que vienen al caso que estamos tratando. Un vecino le habría contado a un regidor que "los franceses tenían revuelto el mundo" y que en esta ciudad "había algunos franceses que venían en embarcaciones americanas y se quedaban con disimulo".[129] Los esclavos también venían conversando sobre cosas preocupantes, como la que un esclavo le dijo a otro en un trapiche: "y te parece que nosotros no haremos también lo mismo que los negros del Guarico?"[130] a lo que el otro comentó, "Qué para qué querían ser esclavos que todos los hombres habían de ser libres?".[131]

Así mismo, se supo que algunos individuos habían conversado en un café sobre la "potestad real".[132]

Como autor, o uno de los autores de este pasquín, fue acusado don Alonso Cisneros y Azansa, condenado a 10 años de reclusión

---

127 AGI, *Estado*, 9, n.9
128 AGI, *Estado*, 68, n.20.
129 AGI, *Estado*, 14, n.98, fol.4v.
130 Ibíd, f.2v.
131 Ibíd, f.3r.
132 Ibídem.

en el Castillo de San Juan de Ulúa. Fue enviado a prisión el 10 de noviembre de 1794, apenas dos días después de fijado el pasquín.[133] Si el sospechoso de la escritura del libelo fuera un simple "botarate" como lo calificó el gobernador, no hubieran dado con él tan rápido y no se hubieran tomado tan en serio la prisión de uno que detentaba el reconocimiento social de "don" y que posiblemente era un letrado que tenía contacto con sus congéneres de la Nueva Granada, arrestados por similar causa. El gobernador también lo llamó, "sujeto extravagante y despreciable"[134] y adujo que el reo confesó haber escrito el pasquín siguiendo el ejemplo de lo ocurrido en México y en Santa Fé.

Podemos vislumbrar con esta historia la importancia de los rumores en la vida política, pero también, los nexos comunicativos entre individuos pertenecientes a territorios distantes. Se percibe, un ambiente de agitación y de esperanza en el cambio político.

Un comentario a "También en la Habana: un pasquín sedicioso a finales de 1794"

1. Juan David el 23/11/2011 a las 5:18 AM

He leído, no sin sorprenderme un poco, que usted se graduó en la Universidad del Valle. Me alegra encontrar estas gratas sorpresas ya que soy Historiador de la misma Universidad y desconocía su trayectoria. Le comparto, a propósito, el blog de un actual profesor de la Universidad, Gilberto Loaiza Cano, Director del Grupo de Investigación al cual pertenezco, Nación-Cultura-Memoria. http://pintadoenlapared.blogspot.com/. Espero tener la oportunidad de conocerle personalmente e intercambiar experiencias e inquietudes. Un gusto saludarle profesora.

---

133 AGI, *Estado*, 2, n.31.
134 AGI, *Estado*, 14, n.99, fol.1r.

34. [...] Y también en 1795: continúan apareciendo pasquines a favor de la libertad en Cartagena y Buenos Aires
noviembre 23, 2011

Representación de la Libertad

El 20 y el 22 de febrero de 1795 se colgaron pasquines en la plaza de Cartagena, los cuales se conservan por la correspondencia que el gobernador de esta ciudad envió al virrey para que viera si existía alguna conexión con los pasquines del año anterior. Sin embargo, nada pudo averiguarse. Estos fueron los dos pasquines:

Lo que en el margen se advierte [La **Lybertad**]
A voces se pedirá:

La ocasión dará la suerte
Y podremos respirar
Bien claro se nos ofrece
Este partido apurar
Rayos exhale el infierno
Trastorne la facultad
Acábese este gobierno
De tanta incomodidad.[135][1]

El Segundo fue este:

Principio quieren las cosas
Para conseguir las empresas

---

135 AGI, *Estado*, 56 A, n.1, bloque 7, f.5v.

Que se quiten tres cabezas
Para acabar estas mofas

De cualquier manera, hasta ahora podemos constatar una importante circulación de mensajes. En la rebelión de corte republicano que se organizó en la Guaira, -capitanía general de Venezuela- dos años después, sí se sabe que llegaron noticias desde allí a Cartagena.[136]

En Buenos Aires, las autoridades encontraron también motivos de preocupación por la divulgación de rumores sobre una conspiración en la que algunos extranjeros (franceses, italianos y navarros) estarían incitando a los esclavos a levantarse. En las paredes de los edificios de la plaza central aparecieron pasquines cuyo contenido era únicamente la palabra LIBERTAD. El año anterior se encontraron también pasquines que decían "Viva la libertad". Este tema y la conspiración de "Juan Barbarin" fueron estudiadas por Lyman Johnson.[137]

Esta no era ni una simple palabra ni una palabra simple. El vocablo 'libertad' se relacionaba con las ideas revolucionarias francesas e implicaba demandas nuevas en relación a la forma de gobierno, la defensa del republicanismo y por ende, el ataque a la monarquía y a la Iglesia. Con su aparición generó –como es lógico– un gran desconcierto y alarma entre las autoridades.

En ciertas ocasiones se escucharon conversaciones preocupantes. En una barbería de Buenos Aires se habló acerca de que los españoles tenían buenas razones para imitar a los franceses.

En estos casos el término 'libertad' podía aludir al desconocimiento del dominio o sujeción ajena (podía ser territorial o personal, en el caso de los esclavos atentos a los

---

136 Estas comunicaciones son estudiadas por Marixa Lasso en *Myths of Harmony. Race and Republicanism during the Age of Revolution, Colombia 1795-1831*. Pittsburgh, Pittsburg University Press, 2007.
137 Johnson, Lyman. *The Human Tradition in Colonial America*. Oxford, UK, Scholarly Resources, 2002 y *Workshop of Revolution: Plebeian Buenos Aires and the Atlantic World, 1776–1810*. Durham, NC, Duke University Press, 2011.

sucesos recientes de Santo Domingo) o incluso a la libertad de conciencia, que implicaba la libertad religiosa y por esto la inquietud de la Iglesia.

Sin embargo, en el contexto de los cambios y acontecimientos del periodo borbónico, es posible que los pasquinistas hicieran un uso alternativo de la palabra libertad vinculado a su significado de prerrogativa o exención.

El concepto de libertad que aparece en algunos de los pasquines comentados en estas últimas siete entradas, se relacionaba con un concepto que advertía sobre la violación de antiguos derechos "republicanos",[138] contra los que estaban atentando el sinnúmero de innovaciones de tipo fiscal. Evidenciaba el proceso de deslegitimación del gobierno de Carlos IV, específicamente en el momento de la guerra contra Francia. En varias circunstancias pudo tratarse de reclamos de tipo económico, pero igualmente se hacen evidentes, una mezcla de nuevos reclamos que amenazan con la idea de quebrar la sujeción. Muchos parecen ambiguos y probablemente se trataba del propio proceso de asimilación del concepto de 'libertad', justamente en su acepción de rechazo al dominio o sujeción política.

La idea separatista que puede sugerir el término 'libertad' se impuso aceleradamente en los años siguientes. Esto podría confirmarlo el movimiento que en 1797 se gestó en la Guaira, en la Capitanía General de Venezuela.

Fuente de la Imagen: Biblioteca Gallica. La Liberté. Estampa, 1793.

35. Los Reinos de las Indias: el año 2011 en el día del nacimiento de un Nuevo año astronómico

---

138 Este concepto está vinculado al de 'República' del antiguo régimen. La república era un cuerpo territorial que representaba políticamente al espacio local y que en Hispanoamérica era administrado por el cabildo. El cuerpo territorial gozaba de libertades (fueros) políticas y administrativas contra las que atentaron muchas de las reformas implementadas durante el periodo borbónico.

diciembre 22, 2011

Imagen navideña

Contagiada por la temporada, vamos a despedir este año bloguero con un pequeño balance navideño.

Los "Reinos de las Indias" ha dejado de ser un bebé para convertirse en un pequeño niño. Prácticamente ha sido durante el año 2011 que su vida se ha expandido. Hemos logrado hacerlo conocer y difundir a través de él, un poco de esas viejas historias enterradas en el tiempo para darles un significado.

El año entero hemos dirigido nuestra mirada a las expresiones pasquinescas expuestas en el espacio público, durante cuatro siglos, a lo largo y ancho de Hispanoamérica. El próximo año y aprovechando el clima de "fin de mundo" que viene generando el apocalíptico año 2012, abriremos una saga dedicada al rescate de las profecías.

Ha sido divertido y formativo explorar casi diariamente el interés generado por cada una de las colaboraciones. Ahora me es grato dejarles ver ese panorama. En las estadísticas que los administradores de la plataforma virtual[139] gestionan, es posible apreciar no sólo el total de usuarios y paseantes del blog sino los países de donde provienen esas visitas, las entradas más leídas y el tipo de plataforma electrónica desde donde se ha realizado.

Hasta el 21 de diciembre (a un año exacto del próximo fin de mundo) las visitas contabilizadas fueron:

---

139 En ese periodo mi blog estaba alojado en Blogger de Google.

157

Visitas al Blog: 14487

Las entradas más leídas fueron:

Historia de la comunicación urbana en el mundo moderno

19/01/2011   336 Páginas vistas

Injurias por todo el continente americano: ¿Qué pasó en 1794?

04/09/2011, 6 comentarios   244 Páginas vistas

Denuncias infamantes en lenguaje maya: "si lo hiciera el pobre….

02/07/2011, 1 comentario   236 Páginas vistas

Críticas irónicas e injuriosas: del mundo religioso al mundo…

30/05/2011   207 Páginas vistas

Crítica política en palabras injuriosas: Pasquines…

11/03/2011, 2 comentarios   175 Páginas vistas

El Blog de Historia: del aula virtual a la Universidad

13/04/2011, 3 comentarios   154 Páginas vistas

Otra vez William Lamport y la Biblioteca Digital mexicana

30/03/2011, 4 comentarios   150 Páginas vistas

Escrituras Criminalizadas (IV y última)

28/02/2011   138 Páginas vistas

Crítica religiosa en palabras injuriosas: mandamientos…

17/04/2011, 3 comentarios   126 Páginas vistas

William Lamport o Guillermo Lombardo de Guzmán:

29/09/2011   124 Páginas vistas

Páginas

Los Reinos de Indias en el Nuevo Mundo

21/01/2011   462 Páginas vistas

Historia Cultural:

01/02/2011   440 Páginas vistas

Acerca de mí

18/02/2011   213 Páginas vistas

El público más asiduo en orden descendente provino de:

México   4.053

España   2.639

Estados Unidos   2.439

Colombia   1.032

Argentina   678

Perú   660

Italia   561

Francia   534

Chile   275

Venezuela   165

Bueno, espero que para el próximo año el interés e intercambio académicos sigan creciendo como hasta ahora. Les deseo una feliz navidad y un año nuevo lleno de aventuras profesionales y personales.

Imagen: Árbol navideño. Fotografía personal.

36. ¿Qué le puede aportar a la historiografía el estudio de las profecías?
enero 3, 2012

Imagen astral en un libro alemán de 1554

En la actualidad, cuando se habla de profecías, la reacción más inmediata de la gente es asociar el término a la charlatanería. Sin embargo, el estudio de las profecías en el decurso histórico resulta ser un asunto serio. ¿Por qué?

Porque el término abarca un conjunto de fenómenos culturales y no implica la simple predicción del futuro o el deseo de conocer el porvenir. Se le considera desde un género literario específico hasta un lenguaje político particular. En términos sociales, es una forma de comprender el mundo en el que se vive en un determinado momento histórico.

Para los teólogos católicos, las profecías y los profetas sólo pueden estar vinculados a la historia bíblica puesto que la profecía es el camino de la revelación de la historia sagrada. Pero si la profecía es considerada como un fenómeno de tipo cultural, el panorama se amplía enormemente. Entonces, debemos tomar en cuenta otros importantes aspectos a ella asociados como la adivinación, los presagios, los sueños, las consultas de la suerte, la astrología, los pronósticos y los vaticinios.

La historia cultural en particular, aporta importantes puntos de vista que hacen de la profecía un medio para acercarse a la comprensión de sociedades del pasado y del presente.

La presencia de las profecías en la historia se encuentra relacionada con diversos aspectos de la realidad social. Pueden ser expresiones de disenso y rebeldía o canales de búsqueda de legitimación social y política. Desde esta óptica, la recuperación de las profecías nos permite estudiar una práctica implícita a la comunicación política y penetrar en las particularidades que asumen determinadas formas de cultura política.

En la nueva sección que inauguramos hoy, iremos recuperando un conjunto de casos de expresión profética que nos ayuden a penetrar aún más en la comprensión de las sociedades del mundo moderno y en sus manifestaciones políticas particulares.

37. Circulación de noticias: William Lamport y sus "parientes" irlandeses
enero 11, 2012

En marzo de 2009 la revista *Irish Migration Studies in Latin America* publicó en inglés un artículo de Natalia Silva Prada relativo a la circulación de información política en el mundo Atlántico. Este artículo analizaba el caso de las relaciones de William Lamport con otros irlandeses llegados como él a la Nueva España y con algunos conocidos en la península. En fechas recientes, la revista *Signos Históricos* de la Universidad Autónoma Metropolitana colocó en red una versión ampliada y en español de este texto, la cual puede consultarse en

http://148.206.53.230/revistasuam/signoshistoricos/include/getdoc.php?id=450&article=293&mode=pdf

El artículo, "Orígenes de una leyenda en el siglo XVII: redes irlandesas de comunicación y propaganda política en los casos inquisitoriales novohispanos de Guillermo Lombardo y fray Diego de la Cruz", explora el momento primigenio de formación de la leyenda creada alrededor de la vida de William Lamport, irlandés quemado por la Inquisición de México en 1659.

Para estudiar el origen de la leyenda se estudia el proceso inquisitorial seguido a otro irlandés contemporáneo de Lamport, el religioso franciscano Diego Nugencio, natural de Dublín, juzgado por haber pronunciado palabras a favor de su compatriota y quien se radicó en la provincia de Nicaragua. El estudio rescata un expediente inédito perteneciente al Archivo Histórico Nacional de Madrid que cubre los años 1657 a 1667. La autora analiza el documento desde la perspectiva de la historia cultural. Recupera especialmente, aquellos elementos que contribuyen a entender la cultura política del periodo moderno presentes en la reconstrucción del proceso inquisitorial de fray Diego de la Cruz: los rumores, las conspiraciones y las profecías. En el artículo, como se expuso antes, se rescatan y se relacionan una serie de importantes noticias que circulaban en el mundo Atlántico: los problemas de sucesión dinástica, las tensiones de España con Portugal e Inglaterra y la circulación de libros prohibidos. Los indicios que se exponen a lo largo del texto dejan abierta la posibilidad de existencia de un nexo real entre Diego Nugent y William Lamport, más allá de la simple admiración.

38. ¿Existe una diferencia real entre los verdaderos y los falsos profetas?
enero 12, 2012

Falsos profetas

Esta pregunta ha sido un asunto muy serio a lo largo de la historia de la humanidad. En los textos bíblicos es un tema fundamental que establece la comunicación verdadera o falsa con la divinidad. Los autores medievales y renacentistas basaron sus disquisiciones en el texto sagrado por excelencia. Pero aun hoy día, si rastreamos el tema nos encontramos con una avalancha de publicaciones que siguen considerando una definitiva distinción entre el falso y el verdadero profeta. Como dijimos en nuestra anterior entrada, la profecía y por ende el profeta, son considerados desde cualquier religión, medios de comunicación directa con Dios y no se puede concebir ninguna de estas instancias como una entidad separada.

Este asunto hace bien difícil la tarea del historiador, pues todo lo que buscamos analizar sería ya desvirtuado *a priori* por los teólogos antiguos y contemporáneos. El profeta Elías se proclamaba ya en sus tiempos el único profeta del Señor frente a los 450 "falsos" profetas de Baal. La presencia del profeta y de la profecía tiene tanto peso en religiones como las cristianas que un autor contemporáneo, Gianfranco Ravasi, llega a designar a la profecía como "el alma de la religión bíblica".

Para ejemplificar la seriedad del tema vamos a comenzar por presentarles la obra de Juan de Horozco y Covarrubias, autor del libro *De la verdadera y falsa profecía*, a cuya escritura dedicó "mucho tiempo" de su vida, según el Rey y no tanto tiempo como deseaba, según el mismo. Fue publicado en 1588 en la imprenta de don Juan de la Cuesta. Este clérigo toledano ocupó altos cargos eclesiásticos en Sevilla, Cuéllar y Sicilia. Fue hermano del famoso lexicógrafo Sebastián de Covarrubias, autor del *Tesoro de la lengua castellana*, hijo del escritor Sebastián de Horozco y sobrino de don Antonio de Covarrubias y Leiva, miembro del Consejo Real y maestrescuela de Toledo. Toda una ilustre familia de escritores y teólogos, aunque eran también familia de cristianos nuevos ya que su abuela paterna fue la judeoconversa María de Soto.

Su libro comienza expresando la preocupación por la proliferación de profetas en su siglo, el XVI. No es casual la percepción, pues la ciudad de Toledo fue uno de los centros importantes del llamado alumbradismo, una corriente mística formada por visionarios y surgida durante el primer tercio del siglo XVI.

Así como la profecía verdadera se vinculaba íntimamente con Dios, la falsa por ende era el resultado de la intervención del demonio. Horozco comparaba a la verdadera con la luz y a la falsa con las tinieblas. Pero de cualquier manera, en largos capítulos de disquisiciones parecería casi imposible, la existencia de un verdadero profeta, pues todos los falsos, que eran muchos, se podían confundir facilmente, porque con la ayuda del demonio tenían apariencia de verdaderos.

Suelen decir alguna vez verdades, pero porque Satanás se puede transformar en Ángel. También pueden parecer virtuosos y dedicarse a la castidad, el ayuno y la limosna, e incluso, cumplir con las reglas eclesiásticas. Citando la palabra de Jesús, "vienen con piel de oveja pero debajo son lobos robadores". En general siembran malas doctrinas, predican contra la doctrina cristiana, amenazan y no se excusan de sus errores, dicen cosas impertinentes, quieren satisfacer y responder a todos. El verdadero profeta sería un ser humilde, que agacha la cabeza tanto en su comportamiento como en su actitud externa, no son alocados, ni soberbios, ni inquietos. Es más creible que el profeta verdadero sea un religioso, con hábito de penitencia y retirado, pero, en esto también puede haber engaño. Otra cosa interesante y que nos remite a los viejos proverbios, ningún profeta verdadero es aceptado en su tierra; de allí viene el dicho, "nadie es profeta en su tierra".

De esta lectura de Horozco no queda muy claro si en realidad es posible saber quién es un profeta verdadero, pues se centra sobre todo en lo que es el falso profeta y lo dificil que resulta de distinguir del verdadero. Esta situación un historiador la entiende claramente, pero han sido las autoridades eclesiásticas de todos los tiempos quienes llegaron a determinar quién había tenido una revelación verdadera digna de ser comunicada públicamente.

Un caso espectacular ocurrido en la segunda mitad del siglo XVI en el Perú ayuda a concretar los conceptos que venimos comentando:

Noticias recién llegadas de Indias:

> "Después de todo, agora, año de 1578, vino de la ciudad de Lima el auto [de fe] que se hizo en ella, donde se refiere en breve los horrendos, escandalosos errores y engaños *en que vinieron a dar gente religiosa tan letrados y graves por haber dado crédito a falsas revelaciones*".[140]

Se trataba del caso de doña María Pizarro, fray Francisco de la Cruz y otros religiosos, denominados el grupo angelista limeño y en cuyo caso la Inquisición atribuyó todo a obra del diablo.

En otra ocasión hablaremos de muchos de estos profetas y profetisas y muy seguramente, todos nuestros casos se referirán, a los catalogados tanto en la Biblia como en el libro de Horozco y Covarrubias, como falsos profetas. No resulta algo casual, ya que una gran parte de las fuentes de Horozco se basaban en pasajes bíblicos o en los autores de la patrística cristiana, los cuales a su vez se apoyaron fielmente en la Biblia. Como bien lo advertía Álvaro Castro Sánchez en *Franciscanos, místicos, herejes y alumbrados*, la lectura del texto bíblico tan asociada al movimiento protestante, era antes de la Contrarreforma, una fuente muy consultada por gente alfabetizada.

---

140 Huerga, Alvaro. *Historia de los alumbrados (1570-1630). Los alumbrados de Hispanoamérica (1570-1605)*. Tomo III. Madrid, Fundación universitaria española-Seminario Cisneros, 1986, p.264.

Imagen: Falsos profetas. New York Public Library. Digital Gallery

39. "Que el demonio se dice estrella": los adivinos-falsos profetas y sus taxonomías
enero 23, 2012

Representación de Michel Nostradamus

Veníamos hablando de las taxonomías que sobre los verdaderos y los falsos profetas realizó el clérigo toledano Juan de Horozco y Covarrubias en la segunda mitad del siglo XVI. Pues bien, decía él que "aun el maldito Mahoma" reprobó a los adivinos.[141] Podía el verdadero profeta tener el conocimiento de las cosas pasadas, presentes y futuras, no así el falso. Los profetas verdaderos solo podían surgir de entre el pueblo escogido por Dios y en la Iglesia católica, mientras que los que no eran verdaderos, no podían emitir profecías, solamente, hacer "divinaciones" o adivinaciones, porque era el demonio quien en su nombre hacía creer que lo que se preveía eran cosas 'divinas', es decir, que venían de Dios: supersticiones, en últimas, o invenciones del demonio, concretamente.

Fabián Alejandro Campagne, estudioso del mundo de la superstición en la Europa moderna, nos pone al tanto de otro religioso que establecía una clara distinción entre la verdadera y la falsa profecía, basado en la díada Dios-Demonio. El fraile Francisco de Blasco Lanuza en su *Patrocinio de ángeles y combate*

---

141 Horozco y Covarrubias, Juan de. *Tratado de la verdadera y falsa profecía.* Segovia, Juan de la Cuesta, 1588. Cap.IV, p.84.

de demonios publicado en 1652, reprobaba "la ciencia de las estrellas" (que el demonio se dice estrella, escribía...). La satanización de la astrología la hacía de cara a la profecía:

> "Tiene Dios sus profetas, que manifiestan lo por venir; también Luzifer, émulo de la divinidad, tiene sus profetas Astrólogos, que pronostican los sucesos futuros. Y para que esto se vea mas claro, reparen todos mucho que estos acostumbran con su arte, descubrir cosas secretas como hurtos y cosas perdidas, y otros efectos ocultos de voluntades libres; y acuden a ellos como a oráculos, gente simple; y adivinan porque el demonio tiene noticia clara de estas cosas presentes. Con color de astrología da a beber este veneno, y emponzoña muchas almas".[142]

Juan de Horozco dedicó el libro en cuestión a una enorme taxonomía en la que detalló la gran variedad de prácticas de adivinación existentes, mencionando también a ciertos adivinos famosos.

Entre los amorreos,[143] las ninfas santas podían invocarse y respondían; entre los tártaros, los magos podían provocar inundaciones (por estos días leí que algún chamán colombiano logró –en un acto contrario pero similar- que durante la posesión del presidente actual, Juan Manuel Santos, no lloviese; entre los hindúes sus profetas usaban una niña de 12 años para invocar a 'Houioulsira'; Phytonila usando la necromancia resucitó al profeta Saúl, de manera similar a las artes del mago Empédocles agrigentino....

Pero la lista solo comienza aquí. La taxonomía de la adivinación es enorme: necromancia (usando los espíritus de gente muerta); adivinación con enfermos cercanos a la muerte; hidromancia (leyendo figuras en el agua); lecanomancia (mediante voces escuchadas en el agua); leyendo el aceite sobre escudos; mediante el peso de las piedras; leyendo las olas del mar y el ruido de los

---

142 Campagne, Fabián Alejandro. *Homo Catholicus, Homo Superstitiosus. El discurso antisupersticioso en la España de los siglos XV a XVIII.* Madrid, Miño y Dávila, 2002, p.406.
143 Pueblo nómada de origen cananeo, muy belicoso. Llegó a conquistar dos veces a la ciudad de Babilonia.

ríos; quemando el laurel; escribiendo en una torta de pan; piromancia (leyendo los rayos que caían del cielo); adivinación del humo; quiromancia (adivinando las líneas de las manos y una adivinación particular en las palmas de los niños); del sonido de los huesos o alguna otra parte del cuerpo; aeromancia (adivinación del aire); por las figuras de la espada y los espejos; por los dados, por los versos clásicos (Homero y Virgilio); por conjeturas con la fuerza del entendimiento; por el thalmud (falsa cábala); por los oráculos antiguos; por agüeros; aruspicina (por las entrañas de los animales); por los fenómenos naturales (eclipses, temblores, granizo, cometas); por las sibilas (profetisas del demonio); por la interpretación de los sueños y finalmente, por la astrología judiciaria. Y el tarot? Como tal, sólo emerge en el siglo XVIII, aunque en diversas culturas existían ya desde la antiguedad diversos tipos de naipes y de cartomancia. Sólo en este siglo sin embargo, comienzan a organizarse en imágenes, los conocimientos sagrados y filosóficos que habían hasta entonces permanecido ocultos.

Así, tenemos muchas señales importantes de prácticas que si bien en la época de Horozco eran demonizadas, nos hablan de un mundo inmenso de creencias con los que la gente buscaba (y busca todavía) asegurar sus vidas. Muchas de estas prácticas para conocer el futuro esperan todavía su historiador.

Un comentario a "Que el demonio se dice estrella": los adivinos-falsos profetas y sus taxonomías"

1.   Juan David el 30/01/2012 a las 6:15 AM

De nuevo, una gran entrada. Tengo una inquietud, aparte de Campagne, qué otros trabajos conoces o recomiendas sobre el problema de la superstición, su evolución en Occidente. De manera particular, me interesaría establecer conexiones entre la cultura de lo sobrenatural hasta el XVIII y las prácticas espiritistas posteriores. Retomando un tema pasado, aunque conectado, el de los usos del miedo. Conozco dos compilaciones más o menos recientes a cargo de Claudia Rosas en Perú,

168

y Gonzalbo Aizpuru en México, además del trabajo reciente de Joanna Burke, y, por supuesto, el libro pionero de Delumeau. Me pregunto si conoce algún abordaje específico a las pedagogías del miedo, ya que me encuentro iniciando una investigación alrededor del Miedo en el discurso y vocabulario antiliberal de finales del siglo XIX en Colombia. ¡Saludos!

(E-mail de 2 de febrero de 2012)

Juan David:

Te respondo por e-mail ya que tus dudas son bastante específicas. Avísame si las recibes en orden y si te son de utilidad:
Los libros que te voy a recomendar creo que pueden servirte ya sea para profundizar en el problema metodológico de la "pedagogía del miedo" pero también te acercan al escenario de lo sobrenatural:
Bartolomé Benassar en *Inquisición española: poder político y control social* tiene un capítulo específico muy citado: "Modelos de la mentalidad inquisitorial: métodos de su pedagogía del miedo".
Serge Gruzinski en muchas de sus obras nos acerca a la problemática a través del estudio de la cristianización del imaginario indígena y de la indianización del imaginario cristiano. Revisa en especial sus libros *La colonización de lo imaginario* y *De la idolatría*.
Pueden servirte también, Georges Duby (El año mil) Michel de Certeau (La fábula mística), Robert Muchembled (Historia del diablo), Julio Caro Baroja (Las brujas y su mundo), Jaime Borja (Los indios medievales) o Diana Luz Ceballos (Qyen tal haze que tal pague)....
Para el estudio del miedo en el discurso te serán también útiles los textos sobre semiótica discursiva. Puedo recomendarte el libro de Adrián Gimate-Welsh H., *Del signo al discurso. Dimensiones de la poética, la política y la plástica*. Revisa también, Michel Foucault, *Los anormales*.
Sobre este rubro habría tanto que leer, pero creo que puedes comenzar revisando estos textos. ¡Saludos y gracias por el interés!

40. Grandes mentes medievales y renacentistas interesadas en 'la profecía'
febrero 8, 2012

Conversación entre Averroes y un filósofo griego

El tema de 'la profecía' ha despertado gran interés en importantes pensadores de todos los tiempos.

Desde antes del medioevo incluso, filósofos, teólogos y científicos han dedicado muchas horas a razonar sobre el asunto. Es obvio que no podremos aproximarnos a todos ellos aquí, pero mencionaremos algunos casos. Nos encontraremos básicamente con representantes de las tres religiones monoteístas.

El famoso médico y científico persa Avicena (Afhsana, Uzbekistán 980- Hamada, Persia 1035), estudioso de Aristóteles, opinaba que el don de la profecía la adquirían ciertas almas elegidas capaces de llegar a una muy especial forma de unión con el entendimiento. Definía a la profecía como el conocimiento intelectual de la experiencia mística.

Para el filósofo Al-Farabi (Turkistan c.878-Damasco 950) con una postura más radical entre fe y razón, la actividad profética era una actividad intelectual, no restringida por la voluntad de Dios.

El rabí Maimónides (Córdoba 1135-Fuistat, Egipto 1204) en su *Guía de perplejos* decía que era una emanación de Dios que se extendía por medio del intelecto a la facultad racional y después sobre la facultad imaginativa. En su concepción de la profecía destacaba la dimensión de la naturaleza intelectual del hombre, comparando al profeta con el sabio y con el augur.

Hacia 1220, el universitario dominico y cardenal, Hugo de Santo Caro concebía a la profecía como una pasión, pero a la vez como un acto complejo. El erudito franciscano Roger Bacon, apodado "doctor milagroso" (Ilchester, 1214-Oxford, 1294) fue el primero en mencionar la redondez de la tierra pero paralelamente creía en la victoria próxima de los cristianos sobre los sarracenos al aproximarse el final de los tiempos. Escribía en su *Opus Tertium* defendiendo la teoría de la profecía natural: las inteligencias motrices de los cielos pueden comunicar al ser humano cierto conocimiento de los acontecimientos futuros.

Otro dominico, el famoso Alberto Magno, (Suabia c.1200-Colonia 1280) y lector de Averroes, se refiere específicamente a los sueños proféticos, considerando que aunque proceden de revelación divina, la mayoría de ellos no tienen ese carácter pues son algo natural que también tienen los animales y los viciosos, dado caso, los sañudos, los meláncolicos y los ancianos. Ya Agustín de Hipona (Tagoste 354-Hippo Regius 430) se había mostrado antes preocupado por la dificultad de diferenciar los sueños "divinos" de aquellos que tenían causas naturales, esto es, corporales y advirtió de la dificultad de distinguir entre revelación verdadera y falsa. Alberto Magno distinguió entre la adivinación producida por los malos espíritus y la profecía, cuyo origen era visto como divino. La profecía sólo podía darse cuando Dios elegía a alguien idóneo para comunicarle aquellas cosas que no tenían causas determinantes. Su discípulo, Tomás de Aquino (Lacio o Calabria 1224- Abadía de Fossanuova 1274) aceptaba los sueños premonitorios pero subrayaba la profecía como un don de Dios.

En la *Suma teológica,* él veía a la profecía como un hábito "infuso", no natural -cuestionando la postura de Averroes-, a través de un intelecto agente. Su visión de la profecía evolucionó de la idea del conocimiento de los futuros contingentes (que expuso en su estudio sobre Isaías) a la de una forma de diálogo con Dios, expuesta en la *Suma teológica*, siendo así, la luz divina el elemento formal de la profecía y su causa, llamada por el aquinate, el "lumen propheticum".

La idea de la profecía cambiará radicalmente ya durante y sobre todo, después del Renacimiento.

Paracelso (1493 Zurich-1541Salzburgo), astrólogo, médico y alquimista interesado en las profecías joaquinitas consideraba que la profecía era equivalente al augurio, al presagio y al signo, anotando que era "una cosa que indica lo que ella misma no es", contraponiéndose a las afirmaciones hechas a partir de las correspondencias, el presagio procede de cosas heterogéneas y discrecionales. El origen de la adivinación era la luz de la naturaleza y esta a su vez, del astro, siendo el sueño el cuerpo invisible de la naturaleza. Asimilaba la pureza a la capacidad de ser buen adivino. Pero en Paracelso aun no se plantea un definitivo conflicto entre el acercamiento a la naturaleza y el espíritu divino, solo señaló la necesidad de independencia entre el conocimiento de la naturaleza y la autoridad histórica.

El filósofo inglés Thomas Hobbes (1588-1679) se preocupó en el *Leviathan* por estudiar la profecía, porque era un asunto religioso que podía intervenir en la vida civil. Con sus reflexiones, la concepción de las conjeturas sobre el futuro va a dar un nuevo vuelco. El pasado será la fuente de la adivinación del porvenir a través de la imaginación, juego para anticipar el destino, llevándonos a lo que se conoce como 'profecías autocumplidas'. Para Hobbes se trataba en síntesis, de las diversas formas en las que la imaginación, estimulada por el miedo a lo desconocido (el futuro) llevaba a hacer de la contingencia el soporte causal por medio del cual el hombre expresaba sus expectativas. Consideraba que el mejor profeta era, naturalmente, decía él, el más perspicaz; y el más perspicaz era el más versado e instruido en las materias que examinaba, porque tenía mayor cantidad de signos que observar.

Este recorrido histórico nos muestra cómo el concepto de profecía fue transitando de un fenómeno natural a un fenómeno espiritual, en cuyo decurso se fue acentando con fuerza la idea de que la profecía no podía existir sin la intervención divina, idea que se irá transformando de nuevo durante la época del Renacimiento y a lo largo de los siglos XVI y XVII.

Bibliografía de apoyo:

Jacques Le Goff y Jean-Claude Smith, *Diccionario razonado del occidente medieval*, 2003.

Richard Kagan, *Los sueños de Lucrecia*, 2005.

Joland de Jacob (ed.), *Textos esenciales de Paracelso*, 2002.

Santiago Mata, *El hombre que demostró el cristianismo. Ramón Llull*, 2006.

José Vicente Niclós, *Tres culturas, tres religiones. Convivencia y diálogo entre judíos, cristianos y musulmanes en la península ibérica*, 2001.

Leticia Bañares Parera, "El conocimiento profético entre la razón y la fe", almudí.org

Tony Allan, *O livro de ouro das profecías*, 2009.

Omar Astorga, *La institución imaginaria del Leviathan*, 2000.

Thomas Hobbes, *Leviatán o la materia, forma y poder de una república eclesiástica y civil,* ed.esp., 1980.

Carl C. Jung, *Paracélsica*, 1995.

Fuente de la imagen:

http://outofcordoba.com/production-stills/

Un comentario a "Grandes mentes medievales y renacentistas interesadas en 'la profecía' "

1. Hugo Santander Ferreira el 09/02/2012 a las 3:40 PM

Muy interesante el artículo Natalia; a la luz de Jung las profecías estarían entonces al mismo nivel de las ideas: revelaciones divinas que el tiempo o la experimentación confirman.

41. Palabras que matan: Profetas muertos por sus profecías (De Europa a América)

febrero 23, 2012

La Divina Comedia dedicada por Orazio Morandi a Galileo

Uno de estos días dedicaremos unas líneas de este blog a hablar del sentido político de las profecías, pero antes y para ir familiarizando a los lectores con el asunto, traeremos a colación varias historias con tristes finales.

Hoy hablaremos de Orazio Morandi. Además de miembro de una familia patricia romana fue un prominente miembro de una familia intelectual eclesiástica romana. Fue hecho prisionero por los crímenes de astrología, intriga política y posesión de libros prohibidos. Era considerado, el más famoso astrólogo de Roma y había hecho una brillante carrera eclesiástica.

Orazio Morandi nació hacia 1570 y 20 años más tarde entró en la orden religiosa de Vallombrosa. En Florencia y antes de establecerse en Roma, frecuentó los ambientes literario y académico. El abad Morandi fue de hecho amigo cercano de Galileo Galilei e intentó encaminar al famoso sabio por el mundo de las artes. También estrechó vínculos con Giovanni de' Medici. Al tiempo de su encarcelamiento vivía en el convento de Santa Prassede en Roma.

¿Cuál fué el pecado que llevó a Morandi a morir en la cárcel de Tor di Nona?

En principio, había predicho la muerte del papa Urbano VIII en un momento de fuerte tensión política. Urbano VIII había emitido el mismo día de su coronación como Papa las bulas de canonización de Felipe Neri, Ignacio de Loyola y Francisco Xavier. Asimismo, la guerra de los treinta años tuvo lugar durante su pontificado. En su "honor" se escribió esta pasquinada: "Lo que no hicieron los bárbaros, lo hicieron los Barberini (era el apellido de Urbano)" por haber empleado bronce del techo del Panteón para la construcción de algunas estructuras arquitectónicas.

Volviendo a Morandi, su predicción fue tomada tan en serio que los cardenales españoles se aprestaron para un cónclave. Por la misma prisión habría pasado más de medio siglo antes el ermitaño profeta fray Pelagio, quien proclamaba la destrucción de Babilonia, aludiendo a Roma y habría predicho a su vez la muerte del Papa Paolo IV, muerto en agosto de 1559.[144]

Morandi atribuyó la futura muerte del Papa a la influencia negativa en su horóscopo de un eclipse solar. El problema es que esta predicción cobró una fuerza no imaginada por su autor y empezó a correr un rumor malicioso que llegó hasta España y Francia, en donde se hablaba de un conclave antes de haber muerto el Papa.

La reacción de Urbano VIII era predecible, dar una orden al gobernador de Roma para que lo hicieran prisionero. La condena de la astrología judiciaria[145] practicada por Morandi se sumó entonces a los otros delitos que se le imputaron y señalamos atrás.

Los hechos que rodean su encarcelamiento repercutirán también y solo un año después, en la vida de Galileo Galilei, después de decretadas nuevas leyes contra la práctica de la astrología judiciaria. Este tipo de astrología, contraria a la natural, era

---

144 Cohen, Thomas, "A Note on fra Pelagio, a Hermit-Prophet in Roma" en Reeves, Marjorie, *Prophetic Rome in the high Renaissance period,* Oxford: Clarendon, 1992, p.233-240.
145 En el siguiente párrafo proporciono una definición de la astrología judiciaria.

definida en el Compendio Moral Salmaticense así: "cuando del curso de los astros, de su conjunción, y aspecto se anuncian los efectos futuros fortuitos, o los presentes y pasados del todo ocultos, y las acciones libres de los hombres".

Morandi había escrito una peligrosa composición sobre los cardenales papables en la cual subdividía a los purpurados en tres facciones. Este texto lo dirigía el abad al embajador veneciano Contarini. En ese texto se refería a varios cardenales como gente con características similares a los perros.

Los hechos aquí descritos sugieren la existencia de importantes intrigas e intereses políticos, pues de otra manera no se explicaría cómo un hombre de la inteligencia de Morandi pudo arriesgar su vida con una predicción que podría ser velozmente malinterpretada. En el libro de Brendan Doodley, *Morandi's Last Prophecy and the End of Renaissance Politics* (2002) podrán encontrar los curiosos lectores un acucioso estudio que intenta dar respuesta a lo largo de sus 238 páginas a este gran interrogante.

El caso de Morandi referido en estas cortas líneas, es una muestra clara de la fuerza que tenía la profecía en el mundo moderno y de la alta peligrosidad que implicaba su uso, aun para los más reconocidos eclesiásticos. Morandi murió el 7 de noviembre de 1630 en la cárcel romana de Tor di Nona mientras se le seguía proceso. Se cree que murió envenenado. Su juicio no tenía que ver sólo con la profecía, la circulación de libros prohibidos de propiedad del convento entre gente de la alta sociedad romana o contra los monjes mismos. Se trataba de protegerse de los ataques que contra la Iglesia de Roma circulaban en ese ambiente.

El Papa, Maffeo Barberini, murió finalmente, el 29 de julio de 1644. Su tumba, monumento funerario del barroco fue esculpida por Bernini. Él había comenzado la construcción de este monumento de autoglorificación en 1627.

Fuentes:

Doodley, Brendan, *Morandi's Last Prophecy and the End of Renaissance Politics*. Princeton, Princeton University Press, 2002.

European Network for Baroque Cultural Heritage.

Grafton, Anthony et al, *The Classical Tradition*. Cambridge, Mass., Harvard University Press, 2010.

Mormando, Franco, " 'Ambitious prophet?' Morandi's Last Prophecy and the End of Renaissance Politics" en *America. The National Catholic Weekly*, septiembre 23, 2002.

Un comentario a "Palabras que matan: Profetas muertos por sus profecías (De Europa a América)"

1. Juan David el 04/03/2012 a las 4:14 AM

Cada vez mejor esta serie. A propósito de ella, me topé con una reseña de este libro: Tim Thornton. *Prophecy, Politics and the People in Early Modern England*. Woodbridge, Boydell Press, 2006. Espero la encuentres. Peter Marshall es quien reseña. Saludos.

42. La muerte social de una prestigiosa profetisa política: Lucrecia de León
marzo 5, 2012

Eva, del pintor Van Eick. La madre de Lucrecia vio
en esta imagen un parecido con su hija

En la España de finales del siglo XVI fue común escuchar profecías que pronosticaban acontecimientos futuros muy similares. Estas revelaciones estaban relacionadas con una coyuntura política inquietante que estimuló el imaginario colectivo.

Entre los pronósticos políticos se mencionó el nacimiento de un príncipe llamado don Fernando, que se enfrentaría con el Anticristo; se habló de la llegada del juicio final en 5 años y de la presencia en el Palacio de Felipe II de quien lo habría de martirizar. También se dijo que los luteranos querían matar al rey y que moriría pronto.

Del conjunto de profetas y profetisas de esta época sobresale una joven y atractiva mujer llamada Lucrecia de León nacida en Madrid en 1567 y quien en las últimas décadas ha gozado de una atención privilegiada por parte de varios historiadores. Pero advertimos, ella no murió físicamente a raíz de sus profecías, como Orazio Morandi, pero sí recibió un duro castigo que la condujo a la muerte social.

Lucrecia de León fue una joven laica y profetisa precoz, natural de la villa de Madrid, quien utilizó sus extraordinarias facultades visionarias para trascender los límites que se les imponían a las mujeres de su tiempo. Lucrecia tuvo más de 400 sueños en un periodo de dos años y medio, los cuales le ayudaron a transcribir don Alonso de Mendoza, canónigo de Toledo, de noble e importante familia y el fraile franciscano Lucas de Allende. El rey Felipe II, Alejandro Farnesio, marqués de Santa Cruz y Gaspar de Quiroga, Inquisidor General y Arzobispo de Toledo fueron blanco de sus críticas.

A sus sueños se sumaban los que tuvo desde cuando era niña y en los que veía acontecimientos poco comunes para una persona de su edad. En 1580, cuando Lucrecia tenía 12 años, soñó que en Badajoz moriría alguien de la casa real (después se supo que fue la reina Ana de Austria). Este sueño lo tuvo Lucrecia durante el desplazamiento de Felipe II a Lisboa para reclamar la corona de Portugal.

Era la hija mayor de Alonso Franco de León, procurador de Tribunales y de Ana Ordoñez. Su familia no era pobre pero tampoco pudo dar a Lucrecia una dote importante para casarse. A los 17 años se empleó como criada en la casa de doña Ana de Mendoza, institutriz del príncipe Felipe, lo cual la llevó a introducirse en los círculos cortesanos. En 1589, poco antes de entrar a la cárcel inquisitorial, se comprometió con Diego de Víctores, secretario de profesión, con quien tuvo una hija. Su padre reprobaba su actividad y comunicación onírica, mientras que su madre la estimuló, porque veía en ello una solución a su ubicación social.

Por una promesa incumplida del propio Felipe II, quien le dijo que le proporcionaría una dote, creció la animadversión de Lucrecia hacia el monarca. Cuando algunos personajes del entorno de la corte se enteraron de sus sueños, vieron en ella a la profetisa que adivinaría el inquietante futuro de España.

Felipe II en la época en la que se transcribieron
los sueños de Lucrecia

¿De qué trataban específicamente sus sueños políticos?

1) Del hundimiento de la monarquía española a manos de sus enemigos internos y externos

2) Del deservicio del Monarca a Dios, causa por la que se había de "perder España y se ha de morir el Rey"

3) De las amenazas de los turcos y protestantes a la monarquía española

4) De la derrota de la armada española ('la Invencible') frente a la flota inglesa, 8 meses antes de que ocurriera realmente.

5) De la traslación de la Santa Sede de Roma a Toledo

6) De la cruzada para la liberación de Jerusalem

7) De la visión de Felipe II como un nuevo don Rodrigo, el corrupto y licencioso rey visigodo. Se lo veía como tirano del reino, como impositor de cargas fiscales y como patrocinador de obispos incompetentes. Se le criticaba la erección del monumental monasterio de El Escorial con la sangre de los pobres. Se le culpaba de la muerte de su hijo Carlos y de la muerte de sus cuatro esposas.

Para dar un ejemplo del contenido específico de tan numerosos sueños como tuvo Lucrecia, retomamos uno en el que se percibe el uso de las fuentes iconográficas y emblemáticas de la época pero con un significado contrario. El águila, símbolo de poder real, aparece perseguida y moribunda por unos perros que simbolizarían a los corruptos funcionarios de Felipe II:

> "Y luego ví que venía un águila andando por el suelo, porque no podía volar, la cual venía sudando gotas de sangre y cantidad de perros tras de ella, que daban grandes aullidos que los ponían en el cielo, y otros venían atados a una ala que se la habían quitado muy contentos".[146]

---

146 María V. Jordán Arroyo, *Soñar la historia. Riesgo, creatividad y religión en las profecías de Lucrecia de León.* Madrid, Siglo XXI de España editores, 2007, p.123.

Procesión funeraria del Emperador Karl IV en Bruselas. El cuarto de izquierda a derecha es Felipe II. Acuarela regalada por el Rey al cardenal Granvella. 1558. Biblioteca Municipal de Besançon, Francia

Por supuesto y pese a la protección de importantes clérigos, la Inquisición la acusará de ser la instigadora principal de una conspiración de desleales y traidores. Sus sueños, recopilados en 30 cuadernos, se consideraba que estaban agitando al pueblo y siendo fuente de escándalo. Se llegó a pensar incluso, que las predicciones de Lucrecia podrían desencadenar una oleada de rebeliones.

Para finales de 1589, Lucrecia era ya prisionera de la Inquisición, sin embargo, múltiples irregularidades hicieron que su primer año en prisión no fuera difícil e incluso concibió a su hija. La situación cambió después de que dio a luz a su hija. En el segundo año de prisión se le aplicó tortura. Finalmente, el 20 de julio de 1595 salió en auto de fe, vestida de penitente, con sambenito y soga atada al cuello y sosteniendo una vela encendida. La condena se basó en la abjuración de sus errores, cien azotes, dos años de reclusión y el destierro perpetuo de Madrid. Esta fue su muerte social y la muerte de sus pretenciones de reconocimiento social.

Fuentes:

Antonio Fernández Luzón, "Lucrecia de León. La profetisa" en Antonio Fernández Luzón y Doris Moreno, *Protestantes, visionarios, profetas y místicos*, Barcelona, Random Mondadori, 2005.

María V. Jordán Arroyo, *Soñar la historia. Riesgo, creatividad y religión en las profecías de Lucrecia de León*. Madrid, Siglo XXI de España editores, 2007.

Richard Kagan, *Los sueños de Lucrecia. Política y profecía en la España del siglo XVI*, 1aed.1991. San Sebastián, Nerea, 2005.

2 comentarios a "La muerte social de una prestigiosa profetisa política: Lucrecia de León"

1.   Carolina Aguilar el 06/03/2012 a las 5:23 AM

¿Hay alguna pista del después de la vida de Lucrecia de León? ¿Se cumplieron los dos años de reclusión? ¿A dónde fue después del destierro? Me llama la atención que el ser profetiza se convirtió en su forma de vida, incentivada por su madre, además del afán de destacar socialmente. Sin duda, son rasgos que también se encuentran en otros supuestos visionarios.

2.   Natalia Silva Prada el 06/03/2012 a las 6:14 PM

Sobre la vida de Lucrecia después del juicio hay pocos datos. Richard Kagan comenta que la vida para Lucrecia fue muy dura incluso cuando tuvo que cumplir su reclusión. En Toledo aceptaron recibirla con su pequeña hija en el beaterio de la Reina del convento Jerónimo, pero su padre aduciendo pobreza no se comprometió a pagar los gastos de manutención y alojamiento que se le exigían. Después permaneció una temporada en el hospital de San Lázaro de Toledo, para mendigos y personas con enfermedades contagiosas. Por obvias razones pidió traslado al hospital de San Juan Bautista y allí se pierde su pista para siempre. Visto que el destierro perpetuo cubría 10 leguas a la redonda de Madrid y Toledo, es de suponer que tomó el camino del sur, hacia Andalucía. Kagan traza hipótesis del futuro de Lucrecia. La imagina convertida en adivina o prostituta, en una vida de miseria tras su caída.

43. La "increíble y triste historia" de fray Francisco de la Cruz y sus profecías
marzo 15, 2012

Fraile dominico

En esta entrada desviamos la mirada de Europa a América para encontrarnos con un complejo personaje cuya increíble vida no se ha acabado de contar y cuyas profecías sí lo llevaron a la hoguera.

Sucedió en la Lima virreinal de finales del siglo XVI y después de los duros embates que contra la población indígena promoviera el famoso virrey don Francisco de Toledo, cuyas actuaciones llevaron también a organizar un mundo de intrigas como consecuencia de los enfrentamientos civiles de conquistadores y criollos en la primera etapa del asentamiento español en Perú.

Fray Francisco de la Cruz fue un fraile dominico peninsular que llegó a Lima en el año de 1561 junto con un grupo de 50 religiosos.

En 1566 fue nombrado rector de la Universidad de San Marcos, desde donde abogó por el envío de la orden jesuita e irónicamente, como veremos, por la implantación del Tribunal de la Inquisición. Era reconocido como asesor teológico e incluso asistió a dos juntas convocadas por el virrey Francisco de Toledo sobre el trabajo forzado de los indígenas en el Potosí. Además de su excelente reputación, llegó a pasar en algún momento por santo. No obstante esta impecable historia en sus primeros años de vida en el Perú, sus ideas y pensamientos fueron la expresión más extrema en América del cumplimiento inminente de las profecías apocalípticas.[147]

Su conversión en "profeta de la liberación" se remonta a su relación con doña María Pizarro, pariente lejana del conquistador Francisco Pizarro, a quien se acercó inicialmente junto con otros religiosos, para liberarla de una posesión demoniaca. María Pizarro había engendrado un hijo al que hacían pasar por hijo del demonio y después de su muerte los exorcizadores creyeron que había encarnado a un ángel y empezaron a adorarlo. El jesuita Luis López fue el fundador del grupo "angelista" y quien reconoció sus tratos carnales con la Pizarro. Hecho prisionero por los inquisidores, encontraron entre sus papeles manuscritos, algunos que trataban de la entrada injusta de los españoles en el Perú, "afirmando que no existían títulos justos de guerra, ni de conquista, ni de tiranía de incas, ni de bula de Papa, ni de sucesión ni de otra legitimación alguna".[148]

Al principio, Fray Francisco de la Cruz se involucró con esta historia solamente como testigo, pero después habló de más y allí perdió totalmente su prestigio académico y religioso. Redactó un informe pormenorizado de sus profecías, afirmando que sería Rey del Perú y Sumo Pontífice de una Iglesia menos normativa y más comprensiva con las flaquezas de la carne. Tenía la idea de crear un mundo nuevo en el Nuevo Mundo. Habló de su hijo 'Gabrielico', el cual estaba predestinado a transformarse en profeta, en otro Job que convertiría a los naturales de la tierra. Juntos, llegarían a fundar un nuevo reino e Iglesia en las Indias. Este hijo, fruto de sus amores con doña Leonor de Valenzuela, dama noble y casada, terminó por ser desterrado de Lima y enviado en secreto a Trujillo, por la vía de Panamá, cuando el niño tenía ocho años.

Con estas terribles declaraciones, Fray Francisco entró a las cárceles secretas el 25 de enero de 1572. En la prisión continuó construyendo su compleja "arquitectura profética".[149] Seis años después, acusado de innumerables herejías y calificadas casi 200

---

147 Vivanco Roca-Rey, Lucero de. "Un profeta criollo: Francisco de la Cruz y la declaración del Apocalipsi". *Persona y sociedad*, vol.20, n° 2, 2006, p.25-40.
148 Fernández Luzón, Antonio. "Francisco de la Cruz. El profeta libertador del Perú". En Antonio Fernández Luzón y Doris Moreno. *Protestantes, visionarios, profetas y místicos*. Barcelona, Random House Mondadori, 2005, p.159.
149 Ibíd, *Op.cit.*, p.163.

de sus proposiciones, el Tribunal inquisitorial sentenció su entrega al brazo secular, relajamiento en persona y muerte en la hoguera, con la cual terminó sus días en el auto de fe del 13 de abril de 1578.

Francisco de la Cruz llegó a predicar que "Roma está perdida y de aquí en adelante quiere Dios que así como Roma ha sido cabeza de la Iglesia católica hasta agora así de aquí adelante lo sea Lima" "y que Dios quiere que el dicho fray Francisco realmente y como suenan las palabras sea rey en este tierra y que sea arzobispo de Lima y Papa".[150] "Roma y España serán destruidas por el turco".[151] En 1584 se producirían grandes guerras y "vendrá el juicio final".[152] No habló expresamente de la expulsión española pero si de una total revolución en la estructura monárquica presente, la cual estaría dando por finalizada la legitimidad de la Corona española y del papado sobre el virreinato del Perú. Con esto se estaba inaugurando una especie de monarquía universal que conjugaba el poder temporal y el divino en una sola cabeza. El pueblo a gobernar era descendiente de una de las tribus perdidas de Israel,[153] pueblo con el que Fray Francisco se emparentaría casándose con dos indias coyas (reinas) del Cuzco. Habló en este contexto, de proclamarse "rey de Israel" y gobernarlo como profeta, con poderes de un Papa y un Rey.[154] Es probable que de esa forma fray Francisco buscara darle legitimidad a su nueva monarquía, en la que no había una restitución del gobierno a los indios, pero en la que se proponía una convivencia armónica entre indios y españoles bajo su gobierno, desconociendo la legitimidad de Felipe II como monarca.

---

150 Huerga, Álvaro. *Historia de los alumbrados (1570-1630). Los alumbrados de Hispanoamérica (1570-1605).* Tomo III. Madrid, Fundación universitaria española-Seminario Cisneros, 1986, p.417.
151 Fernández Luzón, Antonio, *Op.cit.*, p.167.
152 Ibídem.
153 En Bartolomé de las Casas, Diego Durán y Motolinía se encuentran comparaciones entre los naturales americanos y los hebreos. El dominico Gregorio García a principios del siglo XVII planteó abiertamente la tesis de que los indios no eran oriundos del continente sino descendientes de las diez tribus perdidas de Israel. Esta idea la recuperaron también Guamán Poma de Ayala y muchos otros pensadores de la época.
154 Fernández Luzón, Antonio, *Op.cit.*, p.167.

En fray Francisco tenemos quizás al primer profeta antiespañol español en América: NO SERÁ EL ÚNICO.

Muchos historiadores cierran las intrigas que generan estos casos despachando a estos personajes como "locos". Yo prefiero abrir el compás grande de la duda con el autoconvencimiento de fray Francisco de ser un verdadero profeta. Así lo repitió varias veces durante su proceso: "esto no lo digo yo, sino que lo dice Dios que soy yo" [...] "echáronme grillos los inquisidores! ¿Parecéos que pudiera yo sufrir tanto trabajo, si no estuviera Dios en mí?.[155]

A los inquisidores presentó una defensa justificándose en tono apocalíptico. Esta pequeña parte de su escrito, presentada el 27 de enero de 1576, abrevia sus convicciones, sus creencias políticas y sus sueños de cambio:

> "Después de escrito hasta aquí, estuve pensando si tengo razón de tener alguna duda acerca de si soy yo mismo el que ha de ser Rey y Papa, o si por mí se entiende otro. Y habiéndome encomendado a Dios por ello, me dijo Dios otra vez que tiene de destruir la Iglesia de Europa y que yo tengo que ser la cabeza de la cristiandad y, por tanto, juntando esta última confirmación de Dios a todo lo dicho, me convenzo a entender que sin duda ninguna, yo mismo he de ser Rey de Israel y Papa, y que no soy sola figura, sino es de nuestro señor Jesucristo, como he dicho pero no figura del que acá en la Iglesia visiblemente ha de ser Rey y Papa, destruida Roma, como lo será destruida presto con efecto; y a más tardar será destruida de aquí a nueve años; y como suenan las palabras, Lima será la cabeza de la Iglesia como lo ha sido Roma y lo es hasta que sea destruida y así lo digo y en ello me confirmo y ratifico y lo declaro así, guardando la fidelidad que debo al oficio de testigo de Dios".[156]

En próximas entradas analizaremos los posibles motivos políticos detrás de estas asombrosas declaraciones, las cuales llevaron a sus protagonistas a la muerte social o real. Y recordemos: ellos no estaban solos, normalmente sus esperanzas proféticas eran

---

155 Abril Castelló, Vidal y Abril Stoffels, Miguel, *Francisco de la Cruz, Inquisición, Actas II,1*. Madrid, CSIC, 1996.
156 Tomado de Huerga, Alvaro, *Op.cit.*, p.159.

alimentadas por otros personajes importantes que rondaban los pasillos de la corte, de la nobleza o de los conventos.

44. Antonio de Gouveia: ¿profeta o demonio en carne humana?
marzo 29, 2012

Representación del profeta David

En cada nueva búsqueda seguimos descubriendo con asombro que los personajes dedicados al profetismo en la época moderna eran tan numerosos como excéntricos, desde la mirada occidental del siglo XXI.

No obstante, si esta presencia profetizante era tan fuerte, es porque nos encontramos ante una práctica común a los hombres y mujeres del Renacimiento, práctica que desde España y Portugal llegó a los Reinos del Nuevo Mundo con aquellos hombres que se embarcaron en la extrema aventura de atravesar el Atlántico e incorporarse a la vida hostil de este mundo nuevo.

Antonio de Gouveia no se parece en nada a los personajes con fama de santos que hemos encontrado en los caminos de la historia del profetismo. Este es más bien, un inteligente e inquieto pícaro capaz de insertarse en los altos círculos de la nobleza donataria portuguesa,[157] en las filas del jesuitismo, capaz de entrar y de salir numerosas veces por las puertas del Tribunal Inquisitorial de Valladolid o Lisboa, capaz de esclavizar cruelmente a los indios en las tierras del interior brasileño. Con sus dotes de mago fue capaz de muchas cosas y capaz también, de escapar finalmente a cualquier castigo final.

¿Un verdadero demonio en carne humana?

Antonio de Gouvéia, este, nuestro pícaro trotamundos, no debemos confundirlo con otro religioso agustino famoso, homónimo y contempóraneo.[158]

Este Antonio de Gouveia llamado nigromante, mago, padre del oro, alquimista y mucho más, nació en las agitadas africanas islas de las Azores que por aquel tiempo pertenecían a Portugal y eran el centro vivo de la navegación Atlántica. Era contemporáneo de Lutero y de Hernán Cortés, de Carlos V, Felipe II y Enrique VIII.

Nació entre 1528 y 1538 en una familia de cristianos viejos de Terceira, una de las siete islas Azores y se dirigió hacia Lisboa en la península hacia sus 20 años de edad, en donde se ordenó como sacerdote y celebró su primera misa en Gestosa. En 1557 y bajo juramento, dijo haber estudiado latín y retórica en la Universidad de Coimbra unos años atrás. Hacia 1553 viajó a Italia en donde continuó su educación teológica y médica en Roma y teológica en Siena. En el reino de Saboya y contra la ley canónica, se enlistó como mercenario. De regreso a Portugal naufragó cerca de Barcelona y allí se ganó el pasaje de regreso practicando la medicina, prohibida a los sacerdotes. De hecho, en todo su trayecto, pasando por Valladolid y Extremadura cerca de la frontera portuguesa, se dio a conocer como entendido en el uso

---

157 Los donatarios portugueses fueron personas de familias nobles que se hicieron acreedores de las porciones de tierra en las cuales se dividió la costa atlántica brasileña después de que con el Tratado de Tordesillas le correspondió a Portugal un fragmento de tierra americana. Estos territorios, llamados capitanías, tenían 50 leguas de lado y en profundidad abarcaban todo el espacio hasta llegar a la linea de demarcación. La capitanía más exitosa y la única que funcionó en un primer momento fue la de Duarte Coelho en Pernambuco.
158 Humanista portugués y educador durante el renacimiento, nacido hacia 1505 y muerto en Turín en 1566. Escritor de trabajos literarios y filosóficos.

de plantas curativas. En Castilla copió dos obras de alquimia: el *Clavicola Salomonis* y el *Arte de Salomón*. También transcribió otras dos obras de botánica y mineralogía farmacéutica.

En ese regreso a Portugal ya comenzó su controversial y agitada vida si no es que antes, debiendo dar explicaciones al Tribunal Inquisitorial de Valladolid sobre sus prácticas curativas con una esfera mágica, la posesión de la obra manuscrita de Alberto Magno sobre el mundo natural y un anillo mágico con inscripción secreta.

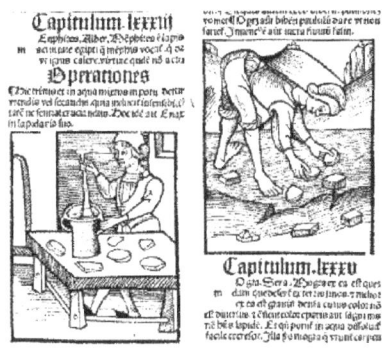

Artes mágicas de la edad media

Cuando por fin llegó a Portugal solicitó su ingreso en la Compañía de Jesús y fue admitido a pesar de que los jesuitas conocían su interés por la alquimia y de que habían quemado sus papeles. Su experimento jesuítico solo duró un año, marchándose improvisadamente de la casa de Lisboa y logrando su excomunión. Su peregrinar lo llevó a la noble mansión de doña Isabel de Albuquerque, hermana del famoso Martin Afonso de Sousa, donatario de la capitanía de Sao Vicente en el sur de Brasil y noveno gobernador de la India. Allí y a pesar de la irregularidad de su estado eclesial, dio tres misas en el oratorio y se especula que sus servicios principales los prestaba a la noble dama como médico. De nuevo, su vida dará un vuelco cuando Bastiao Luis, paje de cámara de la reina lo denunció ante la Inquisición de Lisboa el 4 de mayo de 1557, en donde estuvo preso por cuatro años bajo los cargos de superstición, adivinación, brujería y comercio con el demonio. Bastiao Luis contó el tipo de prácticas a las que se dedicaba Gouveia, algunas aprendidas del libro de San Alberto Magno: cómo hacerse invisible, sus extrañas curaciones con la esfera mágica, la transmutación de la plata en oro o la violación de cerraduras con la hierba lunaria. Otros conocían sus dotes como astrólogo y la capacidad para trazar horóscopos.

Pero además de las dotes mágicas y astrológicas de Gouveia, aquí nos interesa destacar vivamente su interés por la política y su también tendencia al profetismo político, del cual solo nos queda esta declaración del paje de la reina, quien reveló lo que oyó decir una vez a Gouveia:

QUE NADIE SABIA COMO GOBERNAR PORTUGAL, QUE TODO HABÍA IDO MAL, QUE TODO ESTABA PERDIDO, QUE ANTONIO PINHEIRO, EL CRONISTA MAYOR DEL REINO, NO HABÍA PUESTO LAS COSAS EN SU CONTEXTO, QUE EL TEÓLOGO, FILÓSOFO, HERBOLARIO Y ASTRÓLOGO, ANTONIO DE GOUVEIA SERÍA LLAMADO A GOBERNAR EL PAÍS, QUE TENÍA PODER SOBRE LA SALUD DEL REY, QUE EL REY SEBASTIÁN (QUE ENTONCES TENÍA TRES AÑOS) SE PONDRÍA ENFERMO A LOS ONCE Y QUE, SI SE RECUPERABA, SERÍA REY DE FEZ, A LOS CATORCE.

Pasados los cuatro años en la Inquisición y enviado bajo arresto a la prisión del Colegio de la Doctrina de la Fe para ser instruido en los medios de la salvación, escapó durante la noche después de tres años de reclusión. A pesar de las intervenciones de sus amigos, volvió a la Inquisición y fue sentenciado indefinidamente a galeras en un buque de guerra. La intervención del Cardenal logró que Gouveia fuera expulsado perentoriamente de Portugal y es entonces cuando escapó de galeras y se dirigió hacia Italia, Francia y Alemania. De nuevo se presentó ante la Inquisición pidiendo perdón y su reincorporación canónica como sacerdote para regresar a su nativa Terceira. En 1566 y probablemente para librarse de tan difícil personaje, el Santo Oficio lo liberó. Pero de nuevo, Gouveia no cumplió con su palabra y en el Alentejo se involucró en un proyecto de minería por cuatro meses, durante los cuales regresó a Lisboa secretamente.

Nativos de Brasil

Nuevamente, prendido por los inquisidores es deportado a Brasil por dos años, encadenado y entregado al maestre del barco *Sao Mateus*. Ni los Inquisidores pudieron librarse con este acto de Gouveia, ya que volvería nuevamente de regreso, pero en ese intervalo en el Brasil, combinaría nuevas pesadumbres para sus nuevas víctimas nativas, valiéndose de sus vínculos con la élite nobiliaria portuguesa.

A estas alturas el fascinante Gouveia ya rozaba los cuarenta y como dice uno de sus biógrafos, tenía "más mundo que edad".

Arribó a una de las primeras ciudades lusitanas en América por ese entonces, Salvador, en la Bahía de Todos los Santos fundada tan solo 35 años antes. La liberalidad del rey Juan II permitía a los prisioneros ser liberados al arribar a aquellas tierras inhóspitas, pues pensaba que en tanto costaba tanto criar a un hombre, era una lástima destruirlo cuando las "islas deshabitadas" pedían a gritos pobladores.

Los indecibles e innumerables actos de maldad de Gouveia en el Brasil alargan esta vida de novela. Parece como si el destierro en el trópico hubiera potenciado sus energías negativas, aunado a una tierra descrita como relajada, remisa y melancólica.

191

Poco después de su llegada al Salvador tomó el camino de Olinda, en Pernambuco, la capitanía azucarera más exitosa de aquellos difíciles tiempos fundacionales en el Brasil. Nuevamente, su mala fama religiosa lo alcanzó y volvió a enemistarse con los jesuitas, pero consiguió otra vez el apoyo eclesiástico, esta vez del Obispo Leitao y del joven y noble donatario Duarte Coelho, a quien pudo haber conocido en Portugal en el entorno de la casa de los Sousa. En Bahía y en Pernambuco se le llegó a conocer como "el cura del oro" por sus conocimientos de minería. Coelho patrocinó sus expediciones al interior de Pernambuco en donde buscó explotar las minas de oro y plata sirviéndose de la mano de obra esclava nativa –obtenida por cacería- y valiéndose de sus subterfugios mágicos. En sus correrías contra los indígenas, cautivó centenares de ellos y se dice que llegó a exterminar a tribus enteras:

> "y principalmente vino un clérigo a esta capitanía, al que vulgarmente llamaban el Padre del Oro, porque se jactaba de ser un gran minero y por este arte era muy estimado por Duarte de Albuquerque Coelho y lo mandó al interior con treinta hombres blancos y doscientos indios, que él no quiso más. Ni le eran necesarios porque, al llegar a cualquier aldea de indios, por grande que fuese, fuerte y bien poblada, desplumaba un pollo, o deshojaba un ramo, *y por cuantas plumas u hojas lanzaba para el aire tantos demonios negros venían del infierno lanzando llamaradas por la boca*, con cuya vista solamente quedaban los pobres indios, machos y hembras, temblando de pies y manos y se recogían en los blancos que el padre llevaba consigo, los cuales no hacían más que amarrarlos y llevarlos a los barcos".[159]

Las acusaciones formales contra Gouveia en el Brasil no se hicieron esperar. Mal cristiano, celebrante de misas no formales con ornamentos del rito luterano, matanza y herraje de indios, toma forzosa de mujeres indígenas y haciendas, azotes a los indios en aldeas de paz, conversión obligada en cristianos, golpes a un cristiano que había cohabitado con una india cristiana que pretendía para sí y finalmente, reto a duelo con otro cristiano.

---

[159] De la *Historia do Brasil* (1500-1627) de Fray Vicente do Salvador, tomado de Darcy Ribeiro y Carlos de Araujo, *La fundación de Brasil*, p.341.

Al final, Gouveia fue nuevamente preso y enviado en 1571 en un barco de regreso a Lisboa en donde tuvo una larga prisión hasta 1575. Unos dicen que finalmente el Tribunal no tuvo pruebas para condenarlo y otros que desapareció una noche y que nunca más se supo de él.

Otra vez, Gouveia no logró ser destruido por la Inquisición portuguesa, una institución mucho más benevolente (o débil?) que la española, según pudo verse en este relato y de cuyas 'garras' logró escapar en tres ocasiones. ¿Muerte social? Quedan dudas al perderse los rastros de este ingenioso y pícaro personaje que tenía una capacidad manipuladora bastante notoria y quien al final supo ganarse la vida con las magias de aquellos tiempos. Sus dotes proféticas también destacaron, pero necesitaríamos un tiempo para leer sus expedientes y revisar si algo más se supo o se dijo de sus profecías políticas. Nos quedan pues, rastros de gran interés para el futuro. Desafortunadamente para los historiadores e ironicamente para las personas estudiadas, cuando la Inquisición no se ensañaba con ellas, pocas opciones nos quedan hoy para poder recrear acertadamente las vidas de estos retadores personajes, opuestos a las lógicas impuestas por las rígidas sociedades en las que vivieron.

Fuentes:

Manoel da Silveira Cardozo, "António de Gouveia: Adventur and Priest" en David G. Sweet and Gary Nash, *Struggle and Survival in Colonial America*. Berkeley and Los Angeles, University of California Press, 1981, p.142-163.

Darcy Ribeiro y Carlos de Araujo Moreira Nieto, *La fundación de Brasil. Testimonios 1500-1700*. Venezuela, Biblioteca Ayacucho, 1992, pp.340-345.

3 comentarios a "Antonio de Gouveia: ¿profeta o demonio en carne humana?"

1. Hugo Santander Ferreira el 01/05/2012 a las 3:17 PM

Excelente, me recuerda a los héroes de Herzog. Quizás todos estemos muertos socialmente según ese criterio de protagonismo histórico, y la existencia social sea la motivación de estos videntes.

2. Carolina Aguilar el 12/04/2012 a las 5:26 AM

El concepto de muerte social me ha causado mucho 'ruido', sobre todo en este tipo de casos, de individuos relapsos, ya que por lo poco que dejan entrever en los procesos, y después de pasar una primera vez ante la Inquisición, logran insertarse nuevamente en la sociedad, estableciendo relaciones y redes poderosas. Sería interesante también conocer los mecanismos mediante los cuales volvían a figurar socialmente, a pesar de sus antecedentes inquisitoriales.

3. Natalia Silva Prada el 12/04/2012 a las 4:09 PM

Bueno, la muerte social es relativa, depende del individuo, de sus capacidades personales, de su lugar en la sociedad, del tipo específico de sociedad, de su género, etc. Es evidente que entre el caso de Lucrecia y el de Gouveia hay importantes diferencias. El "después" de la condena inquisitorial sería fascinante estudiarlo, pero el tema son las fuentes...

45. Kimpa Vita y sus peligrosas profecías
abril 27, 2012

Figuración de la posible imagen de la profetisa Kimpa Vita

194

Hoy nos acercaremos a otra fascinante vida femenina. Aunque ella no vivió ni tuvo relación alguna con los "Reinos de las Indias en el Nuevo Mundo", si estuvo intensamente vinculada al catolicismo portugués en el reino de Congo. Viene al caso recordar su historia porque representa otro de los ejemplos extremos en los que el ejercicio del profetismo terminó con una vida.

Doña Beatriz Kimpa Vita fue una noble nacida en el reino de Congo en 1684, territorio que hoy corresponde a la zona norte de Angola. En este periodo el reino era un protectorado portugués, asiento del tráfico esclavista y estaba pasando por un crítico momento político. El reino de Congo fue durante los siglos XV y XVI un poderoso estado, pero en el siglo XVII comenzó su disolución debido a presiones internas y externas. En 1665 las tropas portuguesas habían eliminado al gobernante Antonio I y a comienzos del siglo XVIII la capital, Mbanza Kongo o Sao Salvador, había sido abandonada y el reino se había dividido en pequeños territorios. El movimiento que lideró Kimpa Vita forma parte de uno de los movimientos que propendieron por la restauración del glorioso pasado y que a la vez cuestionaba las prácticas del esclavismo entre portugueses y entre otros pueblos rivales africanos.

El catolicismo había sido practicado desde finales del siglo XV por la nobleza y por los plebeyos del Congo. Esto explica el contexto del movimiento antoniano que lideró Kimpa Vita. Doña Beatriz, su nombre católico, proclamó en 1704, cuando tenía cerca de 20 años, estar poscída por el espíritu de San Antonio, el santo portugués muerto en Padua. Como mediadora, realizó un llamado hacia la revitalización del Reino.

Reino de Congo

Beatriz habría tenido visiones desde cuando era joven. Fue considerada como *nganga marinda*, una persona que era capaz de comunicarse con el mundo sobrenatural. Después de una enfermedad, Kimpa habría muerto y San Antonio habría entrado en su cuerpo para darle vida. Desde ese momento comenzó su predicación, apoyada por Appolonia Mafuta y por otros seguidores, algunos tan importantes como la esposa del rey congoleño Pedro IV de Kibangu y Pedro Constantinho da Silva, uno de los generales del rey Pedro que vió la posibilidad de llegar a ser rey.

Doña Beatriz creía tener una especial conexión con Dios y predicaba que el reino de Congo debería reunirse nuevamente bajo un nuevo rey. Se propuso construir un catolicismo congolés peculiar, en el que no solo debían desaparecer las diversas entidades espirituales congolesas sino que debían asumir el cristianismo como una religión nacida en el Congo. La revelación de la Sagrada Familia africana consideraba que Jesús había nacido en Mbanza Kongo y había sido bautizado en la provincia de Nsundi. La madre de la Virgen María habría sido por su parte, esclava del noble congolés Nzimba Mpangui. Doña Beatriz proporcionó nuevas versiones del Ave María y del Salve Regina y pese a todo, el movimiento reconoció la autoridad papal, pero era a su vez, hostil a los misioneros europeos, a los que consideraban corruptos e indiferentes con las necesidades de los católicos congoleses.

Durante un corto periodo, Kimpa y sus seguidores ocuparon la capital y ella envió a sus emisarios a difundir sus enseñanzas. Las autoridades pronto frenaron esas intensiones. En 1706 Kimpa fue capturada bajo las órdenes del rey congoleño Pedro IV, quien en un principio le había brindado protección. Posteriormente, fue quemada junto con su pequeño hijo en la hoguera, a petición de los monjes capuchinos en Evululu, la capital temporal del reino. Se cree que su juicio fue un juicio civil bajo la ley congoleña, el cual la condenó por los delitos de brujería y herejía, pero no se ha encontrado aun el supuesto proceso judicial.

El movimiento antoniano siguió activo tras la muerte de Kimpa y sus seguidores seguían creyendo que ella estaba todavía viva. Este fue desintegrado definitivamente en 1709, cuando muchos nobles renunciaron a sus creencias. De esta región africana fueron embarcados como esclavos numerosos hombres y mujeres hacia América. Su memoria siguió viva y se cree que inspiró algunas rebeliones americanas como la *Stono Rebellion* de los esclavos en South Carolina en 1739 y la rebelión de Haití de 1791, sitios en donde la población congoleña originaria era altamente representativa. Kimpa en una de sus profecías había anunciado que regresaría como hombre y que crearía en el Congo una iglesia independiente de la romana. Algunos creen que Simon Kimbangu, nacido en 1887 es este hombre.

Fuentes:

Thornton, John K., *The Kongolese Saint Anthony: Dona Beatriz Kimpa Vita and the Antonian movement, 1684-1706*. Cambridge, Cambridge University Press, 1998.

Bortolot, Alexander Ives, "Dona Beatriz: Kongo Prophet" en *Heilbrunn Timeline of Art History*. New York, The Metropolitan Museum of Art, 2000.

46. Profetismo entre los indígenas: rebeldía antiespañola
junio 1, 2012

Po'pay en Capitol Hill, Washington, D.C.

Esta fue la profecía de Andrés Mixcoátl, un indio otomí de finales del siglo XVI:

"Oigan ustedes, ¿qué dicen? ¿Ya saben lo que andan diciendo nuestros abuelos?"

"Cuando sea nuestra atadura de años, habrá completa oscuridad bajarán los tzitzimime, nos comerán y habrá transformación. Los que se bautizaron, los que creyeron en Dios se mudarán en otra cosa. El que come carne de vaca en eso mismo se convertirá, el que come carne de Puerco, en eso mismo se convertirá y andará vestido de su zalea; el que come carne de gallo, en eso mismo se convertirá. Todos en aquello que es su comida, en aquello de que viven en las (bestias) que comen, en todo ello se convertirán, perecerán, ya no existirán porque habrá llegado a término su vida, su cuenta de años [ya no tarda mucho tiempo en que se haga la maravilla: si no creen ustedes lo que les digo yo, justamente con ellos se transformaran ustedes [...]. Yo me burlaré de ustedes porque se bautizaron. Yo les perdonaré a ustedes, para que no mueran [...] Y sucederá que solamente allá hará crecer el dueño de la tierra nuestro sustento. En todas partes del mundo se secará todo lo comestible".[160]

Estos estremecedores e inquietantes presagios emitidos por un indígena de la Nueva España, hablan de un mundo que ya no

---

160 Serge Gruzinski, *El poder sin límites*, p.76.

existía, pero de un mundo al que se quería volver con todas las fuerzas. Las palabras de este otomí son realmente sorprendentes por la comunidad de ideas con un movimiento que impactó al Perú del siglo XVI: el taqui oncoy o taqui ongo:

> "...y que habían las guacas (dioses locales) sembrado muchas chácaras de gusanos para plantallos en los corazones de los españoles y ganados de Castilla, y los caballos, y también en los corazones de los indios que permanecen en el cristianismo y que estaban enojadas con todos ellos porque se habían bautizado, y que los habían de matar a todos si no se volvían a ellos, que renegando de la fe católica".[161]

El profeta del movimiento peruano fue Juan Chocne, quien profetizó hacia 1565 el fin del periodo español y el regreso del poder de las guacas o dioses locales (no de los dioses del panteón Inca): "ahora se daba la vuelta el mundo; y que Dios y los españoles quedaban vencidos de esta vez y todos los españoles muertos, y las ciudades dellos anegadas; y que la mar había de crecer, y los había de ahogar, porque de ellos no hubiese memoria".[162]

Las huacas serían las encargadas de expulsar a los españoles y a su Dios. Las huacas pedían la alianza de la gente, la cual no debería ir a las Iglesias, no escuchar a los párrocos, no consumir comida española ni ropa, bajo la amenaza de convertirse en animales, en llamas y en vicuñas, entre otras cosas. Un testigo, Jerónimo Martín, proporcionó la siguiente información en 1571:

> "y si no adoraban las dichas guacas e hazían las dichas ceremonias e sacrificios que les predicaban morirían y andarían las cabezas por el suelo y los pies arriba y otros se tornarían guanacos, venados y vicuñas y otros animales y se despeñarían desatinados".[163]

---

161 Cristóbal de Molina, *Crónica de los Molinas*, p.80.
162 Ibíd, *Op.cit.*, p.79-80.
163 Martin Lienhard (ed.), *Testimonios, cartas y manifiestos indígenas: desde la conquista hasta comienzos del siglo XX*. Caracas, Biblioteca Ayacucho, 1992, p.185.

Con relación a las sociedades nativas americanas, los antropólogos han considerado que la profecía constituye una pieza central del sistema explicativo de la realidad y de sus transformaciones. Aquí podemos apreciar unos magníficos ejemplos de cómo los nativos percibieron esa nueva sociedad en la que vivían, la cual muchos de ellos llegaron a rechazar visceralmente.

Esa crítica a la nueva sociedad en la que les tocó adaptarse a vivir fue permanente. Es una postura que comienza desde los tiempos de la conquista y se prolonga hasta el periodo de la ruptura con el gobierno español.

Solo por curiosidad, porque cada caso merece un estudio particular (algunos de ellos ya han tenido sus historiadores), listo, a manera de ilustración, algunos de estos casos:

1) Martín Ocelotl, detenido por la Inquisición en 1537:

> "habían venido del cielo dos apóstoles, con unos dientes e uñas muy grandes e otras insignias espantosas, y los frailes se habían de tornar Chichimicle (horribles criaturas, seres inmundos y maléficos que vivían en el aire dispuestos a bajar para destruir a los humanos y hundir al mundo en las tinieblas)".[164]

2) Andrés Mixcoátl, se hizo pasar por hombre-dios, demuestra sus prodigios, rechaza el cristianismo y considera a los religiosos como tzitzimine (igual a los chichimicle).

3) Pablo Be, chilam o profeta del pueblo de Kini en Yucatán, recorría los pueblos de la península por 1565, pregonando la necesidad de restaurar las antiguas deidades.

4) Quautlatas, en 1615 se hacía llamar 'obispo' y predicaba entre los indios tepehuanes alrededor de Durango la necesidad de alzarse en contra de los españoles.

---

164 Serge Gruzinski, *El poder sin límites. Cuatro respuestas indígenas a la dominación española.* México: INAH, 1988, p.58

5) Don Melchor de Santiago Papasquiaro, discípulo de Quautlatas, predicó en la cuaresma de 1616 que el fin del mundo era inminente y que había que matar a todos los españoles.

6) Gregorio Juan, otro hombre-dios, que por 1659 y en los alrededores de Huachinango,

> "mandó el dicho Gregorio Juan apagar los ocotes y se entró dentro de aquella tienda desde la cual decía que él era Dios todopoderoso y que por tal lo tuviesen y que había venido movido de lástima por los trabajos que habían de padecer así de enfermedades como de necesidades; pero que teniéndole por Dios como lo era, los remediaría y solo padecerían y morirían los que no le siguiesen".[165]

7) Don Alonso Arenas y Florencia Inga, se le oyó decir por 1666 que "día vendrá que no osen los españoles a ver mis umbrales y que para pisarlos haya que pedir licencia".[166]

8) Po'pay, indio Pueblo, curandero natural de Tewa, cerca de San Juan Pueblo (actual Nuevo México), que por 1675 predicaba la necesidad de sacudir el yugo de España y de volver al primitivo rigor de las costumbres de los indios. Amenazó con tremendos castigos de los dioses a los que obrasen contra esto, profetizó grandes calamidades que habían de sobrevenir en caso de permanecer sujetos al dominio español.

9) Sebastián Gómez "de la gloria", principal tzotzil de Chenalhó, anunció que había realizado un largo viaje al cielo, en donde recibió instrucciones y poderes del apóstol San Pedro, de Dios padre y de algunos santos y dioses ahora menores (como el creador Ojoroxtotil) que le permitían ejercer su autoridad e investir a los sacerdotes indios de un nuevo culto purificado al margen de la sociedad colonial y las interferencias heréticas de

---

165 Ibíd, *Op.cit.*, p.91.
166 Carmen Bernard, "Milenarismos incas: construcciones coloniales y republicanas" en Adeline Rucquoi , et al. *En Post del tercer milenio: Apocalíptica, mesianismo, milenarismo e Historia*. Salamanca, Universidad de Salamanca, 2000, p. 209.

los blancos. Cancuc se convirtió en el centro del mundo y en el paraíso de los justos (1711-1712).

10) Juan Santos Atahualpa, 1742, quechua hablante, predicaba la restauración del reino ya que "su padre el inglés vendría por mar a ayudarle".

11) Antonio Cabo, indio de Huarochirí divulgaba hacia 1750 profecías atribuidas a Santa Rosa de Lima en las que se hablaba de la restitución del Imperio Inca a sus legítimos dueños.

12) Antonio Pérez, por 1761 predicaba a los indios que no debían creer en Dios ni en los santos y que en los maíces estaba Dios, como en la hostia, no buscaba reivindicar el pasado indio pero si indianizar la religión católica.

13) Francisco Andrés, conocido como el Cristo Viejo de Xichú, vivía en la Sierra Gorda de México y consideraba a los españoles como "perros, negros y mulatos". Sus actos de rebeldía fueron registrados entre 1737 y 1769.

14) Jacinto Canek, en 1761 dijo que "ya había llegado el tiempo de acabar con los españoles y que pasaba al pueblo de Cisteil a coronarse".[167]

15) Diego Agustín, indio otomí del pueblo de Tutotepec (actual estado de Hidalgo, México) que por 1769 predicaba el inminente fin del mundo, y el advenimiento de un nuevo mundo en el que los indios serían los amos y los españoles sus sirvientes.

16) Un pariente de Tupac Amaru II fue acusado de sublevación en 1783 y de alegar "que se habrían de cumplir las profecías de Santa Rosa [...] reducidas a que la tierra volvería a sus antiguos poseedores [...]".[168]

---

167 Pedro Bracamonte y Sosa, *La Encarnación de la profecía Canek en Cisteil*, México, D.F., CIESAS-Porrúa, 2004, p. 110.

168 Ramón Mújica Pinilla, *Rosa limensis: mística, política e iconografía en torno a*

17) Mariano, el de la máscara de oro, reclamaba entre 1801 y 1802 el trono español y la coronación no con oro y plata sino reproduciendo la agonía y sufrimiento de Jesucristo para poder liberar a su gente.

A medida que la investigación avanza, los casos se multiplican. Sin ánimo de realizar una reflexión exhaustiva, cerramos esta nota con las palabras de uno de los estudiosos de las sociedades indias:

> "Una compleja y semiclandestina red de videntes, agoreros, sabios y nahualistas cuidaban el alma de la comunidad o la relacionaban con el mundo oculto de los dioses y guardianes. Cuando los tiempos se endurecían y los peligros exteriores amenazaban la sobrevivencia, los augurios y profecías aparecían en la boca de los santos, las piedras y las cajas habladoras. Emitiendo rayos de luz, enviando mensajeros celestes o proclamando la inevitable revuelta y el inminente fin del mundo, los dioses aparecieron en cada tiempo de ruptura o de crisis".[169]

Fuentes:

Castro Gutiérrez, Felipe, "La rebelión del indio Mariano (Nayarit, 1801)". *Estudios de historia novohispana*, nº 10, 1991.

Bernard, Carmen, "Milenarismos incas: construcciones coloniales y republicanas" en Adeline Rucquoi et al. *En Post del tercer milenio: Apocalíptica, mesianismo, milenarismo e Historia*. Salamanca, Universidad de Salamanca, 2000.

Bracamonte y Sosa, Pedro, *La Encarnación de la profecía Canek en Cisteil*, México, D.F., CIESAS-Porrúa, 2004.

Deeds, Susan, "First-Generation Rebellions in Seventeenth-Century Nueva Vizcaya". En Susan Schroeder. *Native Resistance and the Pax Colonial in New Spain*. Lincoln: University of Nebraska Press, 1998.

García de León, Antonio, *Resistencia y utopía. Memorial de agravios y crónica de revueltas y profecías acaecidas en la provincia de Chiapas durante los últimos quinientos años de su historia*, tomo I. México, Era, 1996.

la patrona de América, Lima, Fondo de Cultura Económica-IFEA, 2001, p. 346.
169 Antonio García de León, *Resistencia y utopía*, tomo 1, ed. 1996, p.35.

Giudicelli, Christophe, "El mestizaje en movimiento: guerra y creación identitaria en la guerra de los Tepehuanes (1616-1619)". En Guillaume Boccara (ed.). *Colonización, resistencia y mestizaje en las Américas (siglos XVI-XX)*. Quito: Abya-Yala, 2002, p.119.

Gruzinski, Serge, *El poder sin límites. Cuatro respuestas indígenas a la dominación española.* México: INAH, 1988.

Guereca Durán, Raquel, "Un profeta otomí en tiempos de crisis: Diego Agustín y el movimiento religioso de la sierra de Tutotepec, 1769", en Dossier 'Profecía y política: reflexiones historiográficas" coordinado por Natalia Silva Prada. *Nuevo Mundo Mundos Nuevos*, diciembre de 2012.

Lara Cisneros, Gerardo, "Aculturación religiosa en Sierra Gorda: El Cristo Viejo de Xichú". *Estudios de Historia Novohispana*, nº 27, 2002.

Lienhard, Martin, (ed.), *Testimonios, cartas y manifiestos indígenas: desde la conquista hasta comienzos del siglo XX*. Caracas, Biblioteca Ayacucho, 1992.

Molina, Cristóbal de, *Las crónicas de los Molinas.* Lima, Imprenta D. Miranda, 1943.

Mújica Pinilla, Ramón, *Rosa limensis: mística, política e iconografía en torno a la patrona de América*, Lima, Fondo de Cultura Económica-IFEA, 2001.

Silva Prada, Natalia, "Los sueños de expulsión o extinción de los españoles en conspiraciones, rebeliones, profecías y pasquines de la América Hispánica, siglos XVI al XVIII", *Chronica Nova*, Revista de Historia Moderna de la Universidad de Granada, n.38 (2012), p.19-57.

Wachtel, Nathan, *La visione dei vinti. Gli indios del Perú di fronte alla conquista spagnola*, Torino, Einaudi, 1977.

Imagen: Fotografía de Natalia Silva Prada. Escultura de Po'pay en Capitol Hill, Washington, D.C.

47. Profetizando entre los indios: dos españoles contra el rey de España
junio 14, 2012

El conquistador Valdivia entre nativos

Aunque aún nos quedan pendientes muchas historias de indios profetas, hoy vamos a explorar la historia de dos peninsulares españoles que se asumieron como profetas entre los indios.

Son dos historias alejadas en el tiempo y en el espacio pero con curiosas similitudes.

El primero de estos personajes es Pedro Bohórques conocido como Pedro Chamijo en una primera etapa de su vida, nacido en Granada o según otras fuentes en Quito y quien llegó a proclamarse como Inca y a difundir mensajes disidentes entre la población nativa calchaquí del norte de Tucumán a mediados del siglo XVII y en ese entonces parte del virreinato del Perú. El segundo personaje se llamaba Basilio Perpente Joannes nacido en Orijuela, Valencia y quien alrededor de 1717 se dedicó a predicar fines de mundo entre la población nativa habitante del real de Cusihuiráchic en el Nuevo México.

Pedro se casó con una descendiente de los incas de lengua quechua y Basilio con una india chichimeca, Juana María de la Cruz, a quien había comprado previamente. Basilio era minero en el real de minas de Santa Rosa de Cusihuiráchic. Pedro pasó muchos años en la selva a la búsqueda del Paytiti, un mítico dorado, época en la cual estableció alianzas con varios jefes nativos. También pasó un buen tiempo en la cárcel por su participación en varios ataques a asentamientos españoles.

Basilio comenzó a difundir que San Juan Bautista había recorrido la región de Sonora en traje de peregrino y que en una estadía nocturna en su casa le profetizó que "se perdería esta tierra, que matarían los indios a todos los españoles, habiendo para ello muchas guerras". Por la gracia de San Juan Bautista, él se encargaría de sembrar una nueva ley en el reino y que esa ley sería anunciada por un personaje "que para los indios sería llamado Moctezuma y para él San Juan Bautista". Tras estos anuncios, Moctezuma devolvería sus tierras a los indios y expulsaría del reino al monarca español, el cual era, "un usurpador, lascivo y sacador de dinero". Decía que Moctezuma ya estaba en el Nuevo México "y los indios en la inteligencia de que por él sacudirían el yugo, mando e imperio del señor Felipe".[170]

Después de que Bohorques salió de prisión obtuvo un permiso del gobernador español para presentarse ante los indios del Valle Calchaquí como pacificador, pero en realidad lo hizo como legítimo inca rey. Se propuso crear un reino independiente en esta remota región y armar a los indios en contra de España. En octubre de 1657 y después de haber firmado las capitulaciones con el gobernador, empezaron a circular noticias de su intención de levantar el valle. Según un cacique, don Pedro habría dicho que "toda la tierra había de quedar por suya y los indios libres solamente sujetos a él y no a nuestro Rey y Señor".[171] Ante los rumores de que los españoles pondrían remedio a estos intentos de alzamiento, Bohorques prometió defender a los indios hasta morir porque, decía, "soy vuestro Inga verdadero que compadecido y estimulado de amor vuestro y de mi propia obligación, he venido a liberaros de la esclavitud de los españoles, que os hacen reventar con tan desmedidos trabajos".[172] Esta aventura utópica de corte lascasiano terminó muy mal, como casi todas las de su género. Bohorques fue ejecutado el 3 de enero de 1657, ocho curacas de Lima fueron ahorcados y muchos más, enviados a galeras.

---

170 Se refería a Felipe V.
171 Lorandi, Ana María. *De quimeras, rebeliones y utopías. La gesta del inca Pedro Bohorques*. Lima, Pontificia Universidad Católica del Perú, 1997, p.276.
172 Ibíd. *Op.cit.*, p.284.

Por su parte, Basilio Perpente fue juzgado por los delitos de paganismo, judaísmo y apostasía. No tenemos a mano el expediente con su condena pero podemos suponer que el final de sus días no fue agradable. Sus pasos serán seguidos de cerca por un indio de Sonora a quien tenemos reservada una próxima entrada: Agustín Ascuhul.

Los orígenes de Pedro y Basilio parecen ubicarlos a ambos como conversos, el primero del islamismo y el segundo del judaísmo. Uno y otro apoyaron sus aventuras levantiscas en personajes que pudieran legitimar honestamente su empresa: los últimos gobernantes antes de la caída en manos de los conquistadores españoles. Ambos prometieron el regreso del Inca y el regreso de Moctezuma respectivamente, dos importantes tradiciones que recorrieron subterráneamente la historia del continente. Una forma de crítica en ocasiones radical, de resistencia al dominio español.

Estos dos casos, sumados a los que presentábamos en las anteriores entradas, nos muestran cómo 'la profecía' es una gramática política, en la cual, ideas altamente subversivas pueden insertarse y las cuales son accesibles a un amplio rango de actores y de audiencias.[173]

Fuentes:

Escalante, Pablo, *Historia de la vida cotidiana en México*, 2004.

Lorandi, Ana María. *De quimeras, rebeliones y utopías. La gesta del inca Pedro Bohorques*. Lima, Pontificia Universidad Católica del Perú, 1997.

Mirafuentes Galván, José Luis, "Agustín Ascuhul, el profeta de Moctezuma, milenarismo y aculturación en Sonora (Guaymas, 1737), EHN, 2002.

Silva Prada, Natalia, "Los sueños de expulsión o extinción de los españoles en conspiraciones, rebeliones, profecías y pasquines de la América Hispánica, siglos

173 Idea original de Norman Cohn, *The Pursuit of the Millenium*, 1957 en la introducción de Bertrand Taithe and Tim Thornton, *Prophecy. The Power of Inspired Language in History 1300-2000*, 1997, p.3.

XVI al XVIII" en *Chronica Nova*, Departamento de Historia Moderna y de América, Universidad de Granada, (2012), pp. 19-57.

Taithe, Bertrand y Thornton, Tim, "The Language of History: Past and Future in Prophecy" en Bertrand Taithe y Tim Thornton (eds.), *Prophecy. The Power of Inspired Language in History 1300-2000*, Sutton Publishing, 1997.

Imagen: Tomada de Wikipedia. Últimos momentos del conquistador Valdivia. Anónimo, siglo XIX.

2 comentarios a "Profetizando entre los indios: dos españoles contra el rey de España"

1. Dr. Alfredo Alberdi Vallejo el 04/07/2012 a las 11:42 PM

Dra. Natalia Silva Prada. Sus puntos de vista sobre estos dos españoles que vivieron junto a los nativos son interesantes; sin embargo tengo que dejar notar que su concepto analítico sobre don Pedro Chamijo (Chamizo o Chamico) o don Pedro Francisco Bohórquez tiende al deslinde documental. De este personaje tan importante solamente se conoce la última etapa de su vida y se repite lo que los mismos españoles le dieron epítetos insultantes como: "pseudo-Inka", "soñador", etc. Conozco documentación temprana cuando Bohórquez radicó en Castrovirreyna, Huanta y Huamanga colonial y tuvo la ocasión de conocer a dos personajes importantes que la historiografía peruana trata a menudo: don Felipe Lázaro Guamán Poma y el Apo Inca Ninarua Yupanqui de Mayunmarca. Bohórquez se casó en Pallqakollka con la hija de un curaca de dicho lugar, doña Ana Cente, más conocida por Ana la "bonita" o Ana "Bonilla", que era una mujer hermosísima por excelencia. Bohórquez tuvo ocasión de visitar la antigua Vilcabamba bajo el amparo del curaca Ninarua; de este viaje tiene Bohórquez un magnífico mapa de aquel lugar. Por derecho matrimonial tuvo Bohórquez la asunción y reconocimiento de tal condición indígena: curaca. Por todo esto, sugiero que se estudie con más cuidado esta biografía pero bajo el otro punto de vista, de ese "mundo al revés" de los naturales y no de la justicia hispana colonial. Con mis atentos saludos, Alberdi Vallejo.

2. Natalia Silva Prada el 12/07/2012 a las 1:13 AM

La entrada a la que se refiere el anterior comentario no tiene el propósito de biografiar a ninguno de los dos personajes. Los historiadores sabemos de la dificultad de tal empresa en tan pocas líneas. Sí era el propósito, al contrario, mostrar la práctica del profetismo entre dos personajes que vivieron distantes, pero que tuvieron vidas en las que se perciben ciertas similitudes. Una muy importante es el contacto estrecho con la población nativa del lugar en donde cada uno de ellos puso en marcha un plan dirigido a acabar con el poder español. En esta línea, las observaciones del comentarista aportan más detalles importantes que avalan nuestras hipótesis, expuestas a lo largo de nuestras investigaciones: estos personajes no podemos seguirlos interpretando como si fuesen excéntricos y locos, tal como los juzgaba a menudo la justicia colonial, fuese eclesiástica, inquisitorial o civil. Nuestro esfuerzo analítico no puede confundirse con lo que se llama en el comentario "deslinde documental". Invitamos al comentarista a revisar las entradas pasadas y los trabajos de investigación en los que en mi caso, he profundizado frecuentemente en estas problemáticas. Por otra parte, la utilización del concepto de 'mundo al revés' no es muy clara en el contexto que le da Alberdi Vallejo. El mundo nativo y la historia de interacción con el mundo mestizo y español no lo convierte automáticamente en un 'mundo al revés'. Este concepto backtiniano tiene que ver con circunstancias específicas en las que se invierte el orden estatuido institucionalmente y se reinterpreta como una forma de criticar o resistir imposiciones sociales e institucionales.

48. Agustín Ascuhul: el chamán que prometió que la tierra devoraría a los españoles
julio 2, 2012

Nativos americanos

Desde la década de los años noventa del siglo XX, algunos investigadores empezaron a estudiar el protagonismo de un indio de Sonora llamado Agustín Ascuhul. Y es a este nuevo profeta que dedicaremos hoy nuestra atención.

Por los años de 1737, Ascuhul comenzó a recorrer la región de Sonora predicando la llegada del Dios Moctezuma, creador del cielo y de la tierra. Era de nación guayma,[174] tenía cerca de 45 años y se presentaba ante sus seguidores como el Ariscibi o profeta.

En sus profecías prometía sanar a los enfermos y devolver la salud a los viejos, repartiendo además de promesas, ropa y comidas olorosas. Para los indios predijo el advenimiento de una era de felicidad, diciendo que "el mundo estaba delgado como un papel" y que pronto se acabaría, asegurando que tras esa catástrofe Moctezuma crearía un mundo nuevo, en el que resucitaría a los muertos y convertiría a los indios en españoles y a los españoles en indios.

---

174 Este grupo indígena vivía en la región de la Pimería Alta, territorio que hoy corresponde al norte del estado de Sonora en México y al sur de Arizona en los Estados Unidos. En el tardío siglo XVII, los jesuitas al mando de Eusebio de Kino, establecieron aquí una importante misión.

Como otros fines de mundo, prometía un 'mundo al revés', en el que los españoles se convirtieran en los sirvientes de los indios, sus amos. Pero no bastaba con ser indio para gozar de los nuevos privilegios, era necesario convertirse en seguidor del Ariscibi o de lo contrario, los nativos podrían transformarse en piedras. Este personaje tenía muchos atributos similares al mesías cristiano, pero la proyección del movimiento recupera también elementos de la cultura precristiana que se funden en una amalgama observada en otros profetas/hombres-dioses de la primera mitad del siglo XVIII.

Agustín logró que más de cinco mil personas se desplazaran hacia la región costera de Cierro Prieto en la que levantó un pequeño adoratorio de esteras con una imagen de Moctezuma muy similar a la de un santo cristiano. Allí organizó misas y un culto en el que había algunos privilegiados que podían acercarse más al dios. Los instaba a no atemorizarse y prometía que también los españoles serían convertidos en piedras. Él se presentaba a los demás como un mediador del dios con muchos poderes.

Las tropas españolas de la frontera, a las órdenes del capitán Juan Bautista de Anza, acabaron rápidamente con un movimiento que parecía podía involucrar a varias tribus de la región y ordenaron el arresto del profeta, el cual, tras un brevísimo proceso sumario, fue ejecutado. Su muerte ocurrió el 1 de junio de 1737 cerca del pueblo de Guaymas. Su cuerpo fue colgado en una palmera muy alta en donde pudiera ser bien visto por sus seguidores.

Las ideas del Ariscibi pueden remontarse a un movimiento que estuvo vivo en esta región durante toda la primera mitad del siglo XVIII. El caso de Basilio Perpente comentado en la anterior entrada es una prueba de acontecimientos que alertan sobre periodos de intensa crisis, caracterizados por numerosas epidemias y abusos de los españoles contra los indios. De hecho, los casos de Perpente y Ascuhul formaron parte de las inquietudes generales de las misiones de la Pimería Alta. A mediados del siglo XVIII, los indios pimas de Tecoripa, el pueblo de Ascuhul, participaron en las rebeliones de mediados del siglo

XVIII contra las misiones jesuitas y los ranchos españoles, siendo la más significativa de ellas la de 1751.

Fuentes:

Mirafuentes Galván, José Luis, "Agustín Ascuhul, el profeta de Moctezuma, milenarismo y aculturación en Sonora (Guaymas, 1737), EHN, 2002.

Sheridan, Thomas E., (ed.), *Empire of sand: the Seri Indians and the Struggle for Spanish Sonora, 1645-1803*. Tucson: The University of Arizona Press, 1999.

Fuente de la imagen:

Gulbrandsen, Don, *Edward S. Curtis. Visions of the First American*. New York, Chartwell Books, 2010.

Un comentario a "Agustín Ascuhul: el chamán que prometió que la tierra devoraría a los españoles"

1. Équipe hypotheses.org el 13/07/2012 a las 7:42 PM

Estimada bloguera,

Su entrada nos pareció particularmente interesante. Para que la comunidad la conozca cuanto antes, decidimos destacarla en el portal. Esperando que esta entrada de pie a numerosos comentarios, le agradecemos su contribución. Un saludo cordial,

El equipo de Hypotheses.

49. Vetas políticas del profetismo moderno y contemporáneo
julio 24, 2012

En fecha reciente la revista *Nuevo Mundo, Mundos Nuevos*, ha realizado una actualización en la que se ha publicado la primera parte de un dossier monográfico coordinado por la autora de este blog. Este dossier se titula, "A propósito del año 2012: Vetas políticas del profetismo moderno y contemporáneo".

El dossier completo estará integrado por los siguientes artículos:

1. "Profecía y política: reflexiones historiográficas para una introducción al dossier 'A propósito del año 2012: Vetas políticas del profetismo moderno y contemporáneo'. Natalia Silva Prada, División Hispánica, *Library of Congress*, Washington, D.C.
2. "El descubrimiento de América en la última hora del mundo: la hermenéutica franciscana". Miguel Ángel Segundo Guzmán, ENAH, México.
3. "El discurso anti-supersticioso y contra la adivinación indígena en Hispanoamérica colonial, siglos XVI-XVII". Gerardo Lara Cisneros. Instituto de Investigaciones históricas, Universidad Nacional Autónoma de México.
4. "Un profeta otomí en tiempos de crisis: Diego Agustín y el movimiento religioso de la sierra de Tutotepec, 1769". Raquel Güereca Durán, Facultad de Filosofía y letras, UNAM.
5. "Las profetisas: movilización socio-política y liderazgo laico femenino en el catolicismo popular moderno". José Alberto Moreno Chávez, CIESAS-DF/Colegio Internacional de Graduados "Entre espacios. Movimientos, actores y representaciones de la globalización" F.U. Berlín.
6. "Nueva Jerusalén: a 38 años de una aparición mariana apocalíptica". Juan Carlos Dozal Varela, Escuela de Etnología, Escuela Nacional de Antropología e Historia, México, D.F.

Por el momento, sólo se cuenta con la publicación de los primeros cuatro artículos. Esperamos que en la próxima actualización puedan ver la luz los dos restantes. Invitamos a los lectores a revisar las propuestas ya disponibles en red. El sitio desde el que se puede acceder es:

http://nuevomundo.revues.org/30462#a-proposito-del-ano-2012-vetas-politicas-del-profetismo-moderno-y-contemporaneo

"La Nueva Jerusalén" (Talla en madera anónima)
Library of Congress, Prints and Photographs Division, Washington, D.C.
Imagen de la portada del libro.

50. El zapatero santo o Nostradamus portugués
agosto 31, 2012

Grabado que representa a Gonzalo Anés Bandarra

Hoy regresamos de las vacaciones de verano y nos vamos de nuevo a Europa a rescatar algunos profetas de gran impacto en su época. Deseamos recordar la historia de un peculiar zapatero portugués llamado en su lengua, Gonçalle Anez Bandarra. Zapatero de correa, natural de Trancoso, el cual se dice falleció en el año de 1560 y quien habría nacido comenzando el siglo XVI. Este, no fue un zapatero cualquiera, sino uno del cual se dice tenía el don de profecía y quien entre 1530 y 1546 escribió unas trovas en las que se prometía un gran destino para el Rey y el reino de Portugal. Era conocido como el *Nostradamus portugués* o el *zapatero santo* y fue muy apreciado por personajes de notable prestigio como el padre Antonio de Vieira. Esto no obstó para que la Inquisición le siguiera juicio por sospecha de judaizante en 1541. Una estatua suya fue erigida por el arzobispo de Lisboa en la capilla mayor de la catedral y en su tumba hay un epitafio que dice: Aquí yace Gonzalo Anes Bandarra, que profetizó la restauración de este reino. Y así se veía a sí mismo Bandarra:

> Eu naõ sou Profeta inteiro
> E menos na minha terra,
> Mas vejo vir pella Serra
> Atraz de hum Lobo hum Cordeiro.

No se pensaba como un verdadero profeta, menos en su tierra, pero proclamaba que veía venir por la sierra, detrás de un lobo, un cordero.

Las trovas de Bandarra contenían críticas a la corrupción de nobles y señores, a las cuales posteriormente se les atribuyó el carácter de profecías del sebastianismo. ¿Qué fue el sebastianismo?

Fue un movimiento místico secular que recorrió Portugal en la segunda mitad del siglo XVI como consecuencia de la muerte del rey Sebastián I en la batalla de conquista marroquí de Alcazarquivir en 1578. Por problemas de sucesión, esta muerte tuvo como consecuencia el traslado del trono portugués a la rama española de la casa de Habsburgo, es decir, Portugal fue integrado a la España de Felipe II, tío de don Sebastián, desde ese momento hasta 1640. Aunque el sebastianismo es posterior a Bandarra, sus profecías fueron la base de un movimiento de muy larga duración presente en muchos nacionalismos portugueses que se proyectaron incluso hasta el siglo XX. Entre sus impulsores se encuentran el más grande predicador portugués del siglo XVII, el jesuita Antonio de Vieira, el rebelde brasileño decimonónico de Canudos, Antonio Conselheiro y el poeta Fernando Pessoa.

En los primeros versos, según escribe don Juan de Castro, primer editor de ellas (1603), Bandarra profetiza que el rey don Sebastián, el 'gran pastor', renacería. Llamaba a no perder las esperanzas pues Portugal recuperaría la calma tras la venida del 'Encubierto'. Este 'Encubierto' podía ser don Sebastián, un rey salvífico:

> Quando tiverem por certo
> Perdida toda a esperança,
> Portugal terá bonança
> Na vinda do Encuberto.

En *Esperanças de Portugal, Quinto Império do Mundo* (1659), Vieira asume que este rey encubierto sería don Juan IV, el cual habría de resucitar. Para el padre Vieira, Bandarra era un verdadero profeta, basado en el éxito de sus profecías: "no se puede negar que Bandarra fue verdadero profeta pues profetizó o escribió tantos años antes tantas causas, tan exactas, tan precisas y tan particulares, que vimos todas cumplidas con nuestros ojos".[175]

¿Qué otras cosas profetizó Bandarra? Según Vieira, he aquí un listado de algunos importantes sucesos:

1) Que antes del año cuarenta se levantaría una gran tormenta, esto fue, el levantamiento de Évora.

---

175 Joam de Castro, *Paraphase et concordança*. Sobre este tema protesta Joseph de Seabra da Silva en 1768. Como procurador del rey y tras la expulsión de los jesuitas escribió que "Antonio de Vieira engañó a todos con semejante impostura, y fomentando en todos el fanatismo [...] con el artificioso engaño de las profecías de Bandarra". Seabra da Silva, Joseph de, *Deducción cronológica y analítica [...]*. Madrid, Joaquín Ibarra, 1768, p.283-284.

2) Que habría tiempo en que los portugueses desearían un cambio de estado, y esto ocurrió en el año cuarenta, con la venida de un rey nuevo, que levantaría sus banderas contra Castilla (1640).

3) Que el rey nuevo había de ser de casa de Infantes y había de tener por nombre Don Juan.

4) Que habría de haber dos virreyes, el de Brasil y el del estado de la India.

5) Sobre la guerra que el rey habría de hacer al turco.

Para Vieira sólo un iluminado y escogido, un hombre "idiota y humilde", podía visualizar tan clara y abiertamente el futuro de Portugal. Sin embargo, las trovas de Bandarra tuvieron por origen y contexto una protesta antiseñorial por la donación que Juan III hizo de la villa de Trancoso a su hermano el infante don Fernando. Otra muestra más de la fascinante utilización política de los textos proféticos. Una mezcla de pasajes de la Biblia, reminiscencias de poesía popular tradicional, mitos de los comuneros españoles y críticas sociales y políticas pasaron a convertirse de la mano de un hombre rudo -como lo llamó la Inquisición- en el sustento del nacionalismo portugués.

Fuente:

Castro, Joam de, *Paraphase et concordançia de alguas propheçias de Bandarra çapateiro de Trancoso. Reproduçao facsimile, 1603*. Porto, Ediçoes Lopes da Silva, 1942.

Seabra da Silva, Joseph de, *Deducción cronológica y analítica [...]*. Madrid, Joaquín Ibarra, 1768.

Project Gutenberg's Trovas Inéditas de Bandarra, by Gonçalo Anes Bandarra. E-book.

Saraiva, José Hermano, *Historia de Portugal*, 1993.

Vieira, Antonio, *Todos sus sermones y obras diferentes*, 1734.

217

51. Mirrha: una esclava de oriente mitificada en la Nueva España (1606-1688)
septiembre 14, 2012

Representación de Catarina de San Juan

Mirrha, ese era el nombre de pila de una mujer conocida popularmente en México como la "china poblana" y convertida siglos después de su muerte –no tanto ella como sí su representación- en uno de los símbolos de la nacionalidad mexicana. En sus tiempos, fue exaltada por la sociedad de la ciudad mexicana de Puebla, pero también erradicada de la memoria popular, vía la Inquisición, tres años después de su muerte. Mirrha, cuyo nombre significaba 'amargura' no era ni china ni poblana. Según Gauvin Bayley, esta joven nació en Mughal, territorio que hoy pertenece a Paquistán y que a comienzos del siglo XVII era una ciudad imperial al norte de la India. Nicolás de León es del parecer que habría nacido en Delhi. De cualquier manera, parece seguro que nació en algún lugar de la península indostana. Mirrah tuvo una historia complicada y fascinante. Es otra mujer que con sus dotes de profetisa fue exaltada desde su humildad de esclava a las cumbres de la santificación, tanto por confesores, como por laicos devotos de todos los orígenes sociales.

Mirrha habría sido raptada por piratas portugueses a los 8 o 9 años, de los cuales ella escapó, refugiándose en una misión jesuita. Allí, los 'padres' de la Compañía la habrían bautizado y asignado el nombre cristiano con el cual la conoce la historia, Catarina de San Juan. Catarina como la virgen Santa Catarina de Alejandría.

Mirrha nació como producto de un milagro después de veinte años de vida matrimonial estéril de sus padres, hecho que presagia su destino, según sus biógrafos. Se supone que su nombre le fue dado siguiendo órdenes de la Virgen. Además de esto, su padre "tenía el don de sanar enfermos, lanzar demonios y serenar tempestades". Después del nacimiento de Mirrha, sus padres tuvieron el privilegio de recibir visitas de Jesús, de María y de los ángeles (en traje de adivinos o astrólogos), los cuales predijeron que ella sería un prodigio en la tierra. Siendo Mirrha niña, se le aparecieron San Joaquín y Santa Ana que la exhortaban a bautizarse. En este punto son discordantes las historias. El relato del rapto de los piratas es contada por algunos de manera diferente. Para ciertos cronistas, el bautizo le fue dado por jesuitas que visitaron a los cautivos del barco pirata y no en la Misión jesuítica,[176] como mencionamos antes. El caso es que Catarina continuó su travesía hasta Manila –parte en ese entonces de la Nueva España-, en donde ya se habían hecho encargos desde el reino de México, de comprar esclavos. A Catarina se la disputaron el propio virrey de México –trámite el Gobernador de Manila- y el adinerado capitán don Miguel de Sosa y su esposa doña Margarita Chávez, quienes pagaron una suma muy superior a la ofrecida por el virrey –por mediación de un comerciante portugués- y quienes finalmente se quedaron con la bella niña, una vez que la nao de la China arribó a Acapulco. De allí, Mirrha fue llevada por el propio Capitán Sosa hasta Puebla, cuando Catarina contaba entre 10 y 11 años. Ya desde esta época comenzó a llevar una vida caracterizada por éxtasis, visiones

---

176 Las primeras misiones jesuíticas de la India se establecieron en Goa y en la provincia de Malabar. Maria Eugenia Ponce Alcocer, *Cartas desde India y China de los misioneros jesuitas. Siglos XVII-XVIII*. México, Universidad Iberoamericana, 2007.

celestiales, luchas con el demonio y cosas sobrenaturales que comunicaba a sus confesores.

Cuando el capitán Sosa murió y su esposa se recluyó en el convento de Carmelitas descalzas, Catarina fue liberada, pero a la vez quedó desamparada. Fue entonces cuando la acogió el clérigo Pedro Suárez. El presbítero creyó conveniente casarla con un chino –como habitualmente se les llamaba a los originarios de las Filipinas- esclavo suyo, Domingo Suárez. Ella ya se había prometido una vida de castidad, así que por presiones aceptó casarse bajo la condición de no compartir su vida sexual. Vivió 14 años en esta condición y una vez muerto su marido, se retiró a la vida contemplativa. Fue educada en el colegio de monjas Concepcionistas y murió a los 82 años en la ciudad de los Ángeles (Puebla), el seis de enero de 1688. Después de su muerte, fue enterrada en la iglesia del Colegio jesuita del Espíritu Santo, tras una vida de mortificaciones y enfermedades.

En su extrema simplicidad y en un castellano muy precario, sus confesores afirmaban que a Catarina se le manifestaba Dios repetidamente. Tenía la capacidad de profetizar hechos venideros como la muerte de personajes importantes, las rebeliones indias en el norte de la Nueva España, los naufragios y venidas de las flotas, los incendios y las conversiones.

En las profecías de Catarina no encontramos una expresión de crítica política directa, pero sí algún interés por los acontecimientos importantes de su época, impulsada inicialmente por su primer biógrafo Alonso de Ramos, en la idea de que se pareciera a sus predecesoras con dotes proféticas, Catarina de Alejandría y Catarina de Siena:

1) Profetizó la muerte del virrey duque de Veragua, de la virreina marquesa de Mancera y del obispo Don Diego Osorio de Escobar.

2) Predijo que un crimen de lesa Majestad no se resolvería e incluso se olvidó.

3) Sabía si las flotas que llegaban a Acapulco o a Veracruz corrían peligro e incluso se le vió en una de ellas. Su bilocación –poder de estar en dos lugares a la vez- fue afirmada por otra profetisa que convivió con Catarina en los años del colegio, doña Juana de Irazoque.[177]

4) En septiembre de 1680 vio el degollamiento de los franciscanos que fueron a evangelizar el Nuevo México, sucesos ocurridos realmente en octubre de ese mismo año.

5) Profetizó el éxito de las conversiones de Tarahumaras y de Tepehuanes.

6) Predijo que al joven jesuita Diego Ortiz Foronda los indios le quitarían la vida, cosa realmente sucedida en 1690. A él le dijo que "duraría seis años en la misión y que cuando volviera, ella sería ya difunta". Las dos cosas realmente ocurrieron.

7) Vio la boda real de Carlos II en 1680 y profetizó la sucesión real (como María de Jesús de Ágreda).

En la construcción de la personalidad de Catarina de San Juan es muy clara la participación de los jesuitas y algunos presbíteros, quienes quisieron ver en ella un ejemplo de santidad. Es muy seguro que en su memoria de la vida en la India haya una modelación de los recuerdos por parte de sus confesores, ya que sus padres procedían de una región en la que predominaba el islamismo y ella de hecho, no fue bautizada como católica hasta después del rapto. Se perciben también, los pleitos entre franciscanos y jesuitas, tan fuertes en aquellos tiempos, y los posibles conflictos con las autoridades eclesiásticas y políticas. En la utilización de las visiones de Catarina traslucen las

---

177 El manuscrito de la vida de Doña Juana de Irazoque ha sido descubierto y estudiado por Alma G. Corona Pérez y gracias a él se establece la relación verdadera de las dos profetisas.

pretensiones de los jesuitas y algunos clérigos seculares por enaltecer a un personaje que vivía bajo su protección y cuyas profecías ayudaban a enaltecer simultáneamente, su obra evangelizadora.

En 1689 se publicó en Puebla de los Ángeles la más extensa hagiografía publicada en el periodo colonial: los tres tomos de los *Prodigios*[178]de Alonso de Ramos, retirados de circulación por la Inquisición, a pesar de que esta obra estaba precedida por más de sesenta páginas de licencias!. La razón era que esta obra, según los censores inquisitoriales, contenía "revelaciones, visiones y apariciones inútiles, inverosímiles, llenas de contradicciones y comparaciones impropias, indecentes y temerarias que saben a blasfemias" –entre ellas, las descripciones de las apariciones de Cristo desnudo-.[179] Ramos fue confesor de Catarina y rector del Colegio de Puebla en ese tiempo, como también lo fueron sus otros biógrafos tempranos: Francisco de Aguilera y José del Castillo Grajeda.

Los Prodigios de Alonso de Ramos

Poco después, vieron la luz otras hagiografías de la que se pretendió convertir en santa. Nada de esto fue posible, pero la

---

178 El título completo es *Prodigios de la Omnipotencia y milagros de la gracia en la vida de la venerable sierva de Dios Catharina de San Joan*, 1689.
179 Francisco de la Maza (p.30) y Antonio Rubial (p.204) citan este pasaje en sus respectivas obras.

fama de Catarina-Mirrha fue tan grande en Puebla que sus funerales parecieron los de un importante y noble personaje y en él se vivieron escenas de histeria colectiva en el que muchos quisieron quedarse con alguna parte de su mortaja, para luego convertirla en reliquia. Las posteriores censuras de la Inquisición a sus biografías y a sus retratos harán caer en el olvido a una fallida santa que en el siglo XIX será asociada a la 'china poblana' y al intento de fundir esta imagen en una sola, para convertirla en el arquetipo nacional de la virtuosa mujer mexicana.

En este caso, la utilización política de las profecías es más evidente en los hagiógrafos confesores de Catarina, que en ella misma. Su vida y sus visiones atrajeron enormemente la atención de jesuitas, clérigos, monjas y gente noble y plebeya de Puebla, deslumbrada por la multitud de presagios emitidos por una ex esclava de origen noble e hindú, quien en su rusticidad hablaba de todo tipo de hechos ocurridos tanto en la Nueva España como en las regiones de Oriente. Una mujer con tan peculiares características podía haber llegado a ser lo que en el Perú fue Santa Rosa de Lima. Pero allí, el proyecto no logró consolidarse, por el freno del Tribunal de la fe y seguramente por algunos otros intereses que habría que estudiar detenidamente. Hasta el momento se ha señalado como posibilidad, las reglas que el movimiento de Contrarreforma había impuesto a los modelos de santidad. Peter Burke constató que la tipología de los santos canonizados entre 1588 y 1767 refleja una representación colectiva de gente bien nacida, de padres blancos de estamentos superiores y habitantes de países dominantes en la época -como España- que a su vez hubiesen profesado en importantes órdenes religiosas. La centralización y el control de la santidad llevaban a no estimular los cultos locales.[180]

Con el paso del tiempo, su figura fue reivindicada, pero con intenciones muy diferentes a las del padre Alonso Ramos o a las

---

180 Citado por Myers, Katheleen, "Testimony for Canonization or Proof of Blasphemy? The New Spanish Inquisition and the Hagiographic Biography of Catarina de San Juan" en Mary E. Giles, *Women in the Inquisition. Spain and the New* World. Baltimore, Johns Hopkins University Press, 1999, p.294.

del clérigo José del Castillo y Grajeda. Se dice –pero también se cuestiona- que el atractivo traje oriental de Catalina fue la inspiración del traje criollo con el que se buscará identificar posteriormente a la típica mujer mexicana. Curiosamente, del misticismo solo habría quedado una leyenda vinculada a un problema material –de lo cual era totalmente desprendida Catarina-: el traje. Cosas para seguir pensando.

Lápida de la tumba de Catarina de San Juan

Fuentes:

Bailey, Gauvin Alexander, "A Mughal Princess in Baroque New Spain. Catalina de San Juan (1606-1688), the china poblana", *Anales del Instituto de Investigaciones Estéticas*, nº 71, 1997, pp.37-73.

Carrasco Puente, Rafael, *Bibliografía de Catarina de San Juan y de la china poblana.* México, Secretaría de Relaciones exteriores, 1950.

Corona Pérez, Alma G., *Manuscrito de Doña Joana de Irazoque.* Puebla, Instituto poblano de la mujer-Benemérita Universidad Autónoma de Puebla, 2006.

León, Nicolás, *Catarina de San Juan y la china poblana: estudio etnográfico-crítico.* México, Vargas Rea, 1946.

Maza, Francisco de la, *Catarina de San Juan. Princesa de la India y visionaria de Puebla.* México, Libros de México, 1971. (Imágenes tomadas de esta obra).

Myers, Katheleen, "Testimony for Canonization or Proof of Blasphemy? The New Spanish Inquisition and the Hagiographic Biography of Catarina de San Juan" en Mary E. Giles, *Women in the Inquisition. Spain and the New* World. Baltimore, Johns Hopkins University Press, 1999.

Ponce Alcocer, Maria Eugenia, *Cartas desde India y China de los misioneros jesuitas. Siglos XVII-XVIII.* México, Universidad Iberoamericana, 2007.

Rubial García, Antonio, *Profetisas y solitarios: espacios y mensajes de una religión dirigida por ermitaños y beatas laicos en las ciudades de Nueva España.* México, Fondo de Cultura Económica, 2006.

52. Novedades editoriales en Los Reinos de las Indias
septiembre 20, 2012

Hace un buen tiempo no veíamos tan nutridas las librerías de atractivas obras sobre el periodo colonial. Pues bien, en estos días aplaudimos las nuevas propuestas editoriales que han salido al público. Los dejo con los títulos y autores de estas novedades, la descripción general de las obras y algunos índices:

Death by Effigy. A Case from the Mexican Inquisition. Luis R. Corteguera. Philadelphia, Penn, University of Pennsylvania Press, 2012.

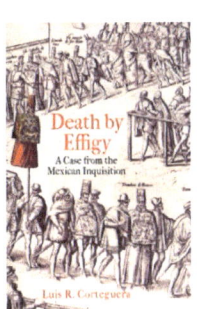

"Corteguera unearths a memorable and multifaceted story from deep inside the still little-known society of early colonial Mexico. Sophisticated in its treatment of a great array of topics, from early modern religion, morality, and sexuality, through an interweaving of inter-ethnic rivalry, Inquisitional symbology and procedure, to the pervasiveness of a culture of rumor and reputation, Death by Effigy is a significant contribution."—Kenneth Mills, University of Toronto

"Beautifully written and well organized, not only does Death by Effigy bring the period alive, it does so in an almost cinematographic manner. A wonderful teaching tool."—Tamar Herzog, Stanford University

On July 21, 1578, the Mexican town of Tecamachalco awoke to news of a scandal. A doll-like effigy hung from the door of the town's church. Its two-faced head had black chicken feathers instead of hair. Each mouth had a tongue sewn onto it, one with a forked end, the other with a gag tied around it. Signs and symbols adorned the effigy, including a sambenito, the garment that the Inquisition imposed on heretics. Below the effigy lay a pile of firewood. Taken together, the effigy, signs, and symbols conveyed a deadly message: the victim of the scandal was a Jew who should burn at the stake. Over the course of four years, inquisitors conducted nine trials and interrogated dozens of witnesses, whose testimonials revealed a vivid portrait of friendship, love, hatred, and the power of rumor in a Mexican colonial town.

A story of dishonor and revenge, Death by Effigy also reveals the power of the Inquisition's symbols, their susceptibility to theft and misuse, and the terrible consequences of doing so in the New World. Recently established and anxious to assert its authority, the Mexican Inquisition relentlessly pursued the perpetrators. Lying, forgery, defamation, rape, theft, and physical aggression did not concern the Inquisition as much as the misuse of the Holy Office's name, whose political mission required defending its symbols. Drawing on inquisitorial papers from the Mexican Inquisition's archive, Luis R. Corteguera weaves a rich narrative that leads readers into a world vastly different from our own, one in which symbols were as powerful as the sword.

Table of Contents

(Fuente: University of Pennsylvania Press:

http://www.upenn.edu/pennpress/book/toc/15029.html)

El gobierno de la justicia. Conflictos jurisdiccionales en la Nueva España (s. XVI-XIX). Rafael Diego-Fernández Sotelo y Víctor Gayol (coords.). Zamora, El Colegio de Michoacán/Archivo Histórico del Municipio de Colima, 2012, 337 p.

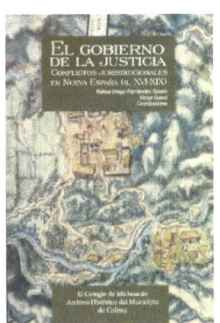

Cuarta de forros:

"Hace un cuarto de siglo se publicó el resultado del seminario que coordinó el profesor Woodrow Borah dentro de la Cátedra "Alfonso Caso" del IIH de la UNAM, con el título El gobierno provincial en la Nueva España, 1570-1787, obra que tan buena acogida recibiera de parte de la crítica especializada, y que aún en la actualidad se mantiene como referente obligado del tema.

El presente trabajo es el resultado de un nuevo seminario que se constituyó con el propósito de evaluar los avances en este rubro tan pujante de la historiografía mexicana en un lapso en donde tanto se ha publicado sobre el tema, y en el cual la presencia de las instituciones de ciencias sociales fuera de la capital del país ha dejado una impronta profunda, así como las repercusiones tan positivas que se han recibido de parte de la nueva corriente crítica de historia del derecho proveniente principalmente de España, Italia y Portugal.

Una de las modalidades fundamentales que ahora se presenta consiste en el acercamiento que se hace al tema a partir de un conjunto de casos de competencias jurisdiccionales provenientes de los archivos coloniales, que entre otras ventajas permiten entender cómo era que funcionaba el paradigma jurisdiccionalista o, más llanamente, el gobierno de la justicia en el antiguo régimen".

Índice:

Índice Onomástico
Índice Toponímico

(Fuente: Blog Cuaderno de notas:

http://cuadernodenotass.blogspot.mx/2012/09/novedad-editorial-el-gobierno-de-la.html)

Formas de gobierno en México. Poder político y actores sociales a través del tiempo. Víctor Gayol (coord.). Vol. I Entre Nueva España y México. Zamora, El Colegio de Michoacán, 2012.

Cuarta de forros:

"*Formas de gobierno en México* es el resultado de un esfuerzo colectivo de reflexión que tomó cuerpo en un primer momento como tema del 30º Coloquio de Antropología e Historia Regionales efectuado del 22 al 24 de octubre de 2008. Dicha reflexión buscó ahondar en las relaciones entre el poder político y los actores sociales a través del tiempo, para poner de nueva cuenta sobre la mesa de discusión la pertinencia de utilizar conceptos y categorías de análisis como estado, sociedad, tradición, modernidad, antiguo régimen, entre otros.

Los académicos invitados, que provienen de diversas disciplinas de las ciencias sociales y las humanidades, fueron convocados a exponer sus puntos de vista y avances de investigación sobre algunos de los periodos paradigmáticos de la historia mexicana, desde la formación de la Nueva España hasta el México contemporáneo, partiendo de tres ejes disciplinarios básicos: la historia crítica del derecho y las instituciones, la nueva historia política, así como la historia sociocultural y la antropología histórica.

A lo largo de los días del Coloquio, el diálogo de temas y disciplinas se enriqueció con el debate iniciado por los comentaristas, los ponentes y el público asistente. Quedan estas memorias como testimonio de ese diálogo y como invitación a la revisión constante de nuestros temas de investigación."

Índice general:

Introducción general
Víctor Gayol
Volumen I. Entre Nueva España y México: la transformación del gobierno jurisdiccional
Introducción

1. Pluralidad de poderes, pluralidad de jurisdicciones

Justicia y política entre Nueva España y México: de gobierno de la justicia a gobierno representativo
Carlos Garriga Acosta
La imagen de la monarquía en las juras reales de la Nueva España (1556-1814)
Salvador Cárdenas Gutiérrez
Una hierocracia hispánica: los obispos de la Nueva España
Oscar Mazín
Los mandatos reales y la legislación de la iglesia indiana. El segundo concilio provincial mexicano y el tercero limeño
Leticia Pérez Puente

2. Cuerpos intermedios y formas de control

El monarca español y el gobierno de sus ciudades; la hacienda de la ciudad de México
Esteban Sánchez De Tagle
Fiscalidad y poder político: el cabildo poblano en la gestión de la alcabala, 1642-1697
Yovana Celaya Nández
El Real Tribunal de Minería y el trabajo forzado bajo los Borbones
Chantal Cramaussel Vallet

3. Hacia el cambio: proyectos y modelos.

Las propuestas de 1808
Carlos Herrerón Peredo
La idea autonómica en los años gaditanos. Lecturas paralelas de Manuel de la Bárcena (1769-1830) y Félix Varela y Morales (1787-1853)
Rafael Rojas Gutiérrez
La búsqueda de un modelo "propio" en la conformación del nuevo Estado
María Del Refugio González Domínguez

Volumen II. La consolidación del poder político y la transformación de los actores sociales.

El 1er. federalismo: Arquitectura política territorial. Control y representación política 1824-1835

Hira De Gortari
El gobierno de los pueblos, 1812-1855
Beatriz Rojas
Los Pueblos Indígenas Y El Nuevo Modelo Liberal: Justicia, Política, Propiedad.
Centro De México, 1821-1876.
Daniela Marino
La afirmación del orden social en el Estado liberal y las nuevas congregaciones
religiosas.
Cecilia Adriana Bautista García
Salir del porfiriato.
Elisa Cárdenas Ayala

3. Poder político, intermediación y sociedad civil en el México contemporáneo.

El impacto de la oposición armada en la reforma del Estado. Las decisiones de
1977.
Verónica Oikión
Intermediación, traducción y desarrollo social: lenguaje y poder en las políticas
públicas del México contemporáneo
Alejandro Agudo Sanchiz
Fe y revolución. La influencia de la catequesis y pastoral de la Diócesis de San
Cristóbal en la participación indígena en el EZLN
Marco A. Estrada Saavedra
Sociedad civil, sociedad política y democracia en el México contemporáneo.
Alberto Olvera Rivera

4. Nuevas formas en la relación poder político y actores sociales: la prensa y la
televisión en el siglo XX.

Todo asesinato es asesinato político: Homicidio y esfera pública en el siglo
veinte.
Pablo A Piccato
Entre Nuestro barrio y Pueblo en vilo. Melodramatizando y mexicanizando el
'Buen Vecindario' en los años 60.
Seth Fein
Índice onomástico
Sobre los autores

(Fuente: Página de Facebook de Víctor Gayol:

https://www.facebook.com/el.primer.navegante?ref=ts)

Historia social de la Real Casa de Moneda de México

Castro Gutiérrez, Felipe. México, UNAM, Instituto de Investigaciones Históricas, 2012, 256 p. ISBN: 978-607-02-3150-6. (Serie Historia Novohispana, 88).

"Este libro se ocupa de los orígenes de la Real Casa de Moneda de la ciudad de México y de los cambios ocurridos en ella en el siglo XVIII, con el establecimiento de la llamada "nueva planta". Pero, sobre todo, se dedica a sus obreros: a su situación social, relaciones personales, amistades, ideas y actitudes frente al trabajo y la jerarquía institucional. Describe, también, las pobres vecindades donde vivían sus esposas e hijos, y se interesa por sus enfermedades, su vejez, y su muerte. Pretende, en suma, construir la historia de este importante establecimiento con una nueva perspectiva, desde abajo, y no solamente a partir de las impersonales estadísticas o de los informes oficiales de la producción monetaria".

ÍNDICE
Introducción
I. LOS ORÍGENES
1. La fundación de la ceca mexicana
2. La producción: ensaye y braceaje
3. Los cospeles y la acuñación
4. Las monedas de la Casa de Moneda
II. EL GOBIERNO, LOS OFICIOS Y LOS TRABAJADORES
1. El gobierno, la administración y los oficios
2. La venta y apropiación privada de los oficios
3. Los ingresos de los oficiales
4. Los oficios, entre la piedad y la ambición
5. Los obreros y los monederos
III. LA "NUEVA PLANTA"
1. Nuevas leyes, nuevos hombres
2. Las protestas y la persecución judicial del pasado
3. La construcción material y organizativa
4. La implantación y adaptación del cambio tecnológico
IV. LOS EMPLEADOS Y LOS TRABAJADORES
1. Los empleados: categorías, intrigas y división "de clases"
2. El origen y composición del personal
3. Las categorías y la retribución de los trabajadores
4. Los modos de vivir que no siempre daban para vivir
5. Los obreros, según ellos mismos
6. Salud, enfermedad y mutualismo
7. Las pensiones y socorros para la "cansada vejez"
V. LOS LADRONES, EL JUEZ Y LA VINDICTA PÚBLICA

(Fuente: Blog Peregrinaciones en el pasado:

http://felipecastro.wordpress.com/2012/06/18/novedad-historia-social-de-la-real-casa-de-moneda-de-mexico/).

Cielo, infierno y purgatorio durante el virreinato de la Nueva España

Wobeser, Gisela von. México, UNAM-JUS, 2011.

"Esta obra analiza la forma en que concibieron y representaron los novohispanos los sitios del más allá —el cielo, el infierno, el purgatorio y los limbos— y cómo imaginaban la vida que las almas de los muertos tenían en estos sitios. Abarca desde la introducción del cristianismo por los frailes mendicantes en el siglo XVI hasta la época previa a la Independencia, a finales del siglo XVIII. Se refiere a las prácticas religiosas y devocionales relacionadas con la muerte y las expectativas que las personas tenían sobre su salvación o condenación eternas.

La obra muestra cómo las construcciones mentales influyeron sobre costumbres, actitudes, prácticas religiosas, y repercutieron en la organización social y en la economía del reino. Las creencias sobre el más allá asimismo se reflejaron en el arte, como dan prueba las cien ilustraciones a color que acompañan este libro. La obra permite entender muchas de las creencias que están vigentes hoy día entre los mexicanos, ya que guarda mucha relación con la concepción actual sobre el más allá".

Índice:

Introducción

I. La inmortalidad del alma y la vida ultraterrena
La idea de la inmortalidad

El juicio divino
El significado de la muerte
La salvación del alma
El "arte de morir"

II. La cosmovisión cristiana
Orígenes de la concepción cristiana sobre el más allá
La geografía del más allá
Vínculos entre los niveles cósmicos
Presencia de seres ultraterrestres en la tierra
Viajes místicos al más allá

III. El cielo
Atributos del cielo
El cielo empíreo teocéntrico
El paraíso celestial
La Jerusalén celestial
Los habitantes del cielo
Visión beatífica y festejos celestiales
Los placeres sensoriales

IV. El infierno
Origen y atributos del infierno
Concepción y representación del infierno
Habitantes del infierno
Las penas del infierno
El sufrimiento de los condenados
Sectores de infierno: los limbos y purgatorio

V. El purgatorio
Creencia en el purgatorio
Origen infernal del purgatorio
El purgatorio como antesala del cielo
Ánimas del purgatorio
Penas del purgatorio
Intercesores y sufragios a favor de la liberación de las ánimas
Apariciones de ánimas en busca de auxilio
Liberación de las ánimas e ingreso al cielo
Comunicación de las penas

EPÍLOGO
BIBLIOGRAFÍA
ÍNDICE DE ILUSTRACIONES

Fuente: H-México:

http://www.h-mexico.unam.mx/node/7762

El crepúsculo de los dioses mexicas: Ensayo sobre el horizonte de la supresión del Otro. Segundo Guzmán, Miguel Ángel. Editorial Académica Española, 2012

"¿Cómo fueron interpretados los dioses mexicas por el logos occidental en el siglo XVI? Al historizar los procesos de inscripción del Otro en las crónicas de América se pueden observar las marcas del proyecto que lo hacen posible en la escritura. En su traducción para la mirada europea ¿a qué responde dicha imagen de la alteridad? Representación, invención o anulación. Cuando se escribe ¿qué busca el hermeneuta con los fragmentos del Otro? Comprenderlo, anularlo o suprimirlo. A lo largo de la historia la última opción ha sido la más socorrida; ha generado una tradición de escritura etnocéntrica: que ha permitido afianzar la supremacía Occidental frente a los mundos colonizados, al bosquejarlos a su imagen y semejanza, o al menos, que creó en los relatos sociedades predispuestas para entrar en contacto con él, mundos domesticados para su yugo: memorias colonizadas. En ese proceso reinterpretar el mundo divino de los vencidos fue central: El destino del panteón mexica en la escritura se inscribió en su ocaso: el presente libro intentará desmenuzar las múltiples caras de su crepúsculo".

Fuente: Amazon:

http://www.amazon.com/crep%C3%BAsculo-los-dioses-mexicas-horizonte/dp/3659043958

53. "Mentirá la obra de la oliva": profecía y política en la voz más lúcida de Fray Francisco de la Cruz.

septiembre 29, 2012

Representación del profeta Habacuc

Del eminente teólogo y ex rector de la Universidad Mayor de San Marcos ya habíamos hablado en la entrada de este blog del 15 de marzo de 2012. Hoy regresamos a él para comunicarles una porción no estudiada de sus revelaciones proféticas estrechamente vinculadas con una lúcida crítica política a los problemas más sobresalientes de los últimos años del siglo XVI. Lo importante de las profecías de Fray Francisco es poder extender un hilo conductor que atravesará los siglos y cuyo sentido será retomado por tantos otros críticos de la monarquía durante su estadía en América o como habitantes originarios de ella.[181]

Ya hemos expresado otras veces que el tema de la 'locura' de los 'profetas' no nos ayuda a aclarar el por qué de su ánimo de comunicar fuera hecho en un sentido crítico con el que sabían que arriesgaban sus vidas. El mismo fray Francisco aducía que muchas de sus profecías políticas las emitió mientras estaba 'loco' y da fechas precisas de este periodo. Pero en otras audiencias inquisitoriales posteriores –cuando 'ya no está loco', según él mismo- sigue afirmando que lo que dijo sobre Papas y Reyes lo dijo "porque Dios me ha dicho [...] como testigo y profeta de Dios, que por su misericordia soy".[182] E insiste en que si él sigue

---

181 Sobre este tema profundizo en el artículo "Los sueños de expulsión o extinción de los españoles en conspiraciones, rebeliones, profecías y pasquines de la América Hispánica, siglos XVI al XVIII" en *Chronica Nova*, revista del Departamento de Historia Moderna y de América de la Universidad de Granada, (Dic., 2012), p.19-57.
182 Abril Castelló, Vidal y Abril Stoffels, Miguel, *Francisco de la Cruz, Inquisición,*

afirmándose en sus profecías es porque es voluntad de Dios, no sólo en revelaciones personales, sino en revelaciones a través de otros frailes, de esos que se conocieron como el 'grupo angelista' o a través de la misma María Pizarro, quien fue en principio la mediadora de las revelaciones de Fray Francisco.

El día 8 de febrero de 1575, Fray Francisco hizo unas peligrosas declaraciones ante los inquisidores Cerecedo y Ulloa que nos deben llevar a una importante reflexión en el ámbito del significado político de sus palabras proféticas. Transcribimos lo que nos parece es una de las críticas directas más tempranas a la ilegitimidad del gobierno español en América, aunque desde otro ámbito ya lo habían sugerido fray Antonio de Montesinos, fray Bartolomé de las Casas y fray Alonso de la Veracruz:

"Porque así como el Perú hasta ahora ha sido casa del demonio, así España lo será de aquí en adelante si viene a poder del turco, conforme a aquellas palabras del apocalipsis: Cayó ya Babilonia y es hecha ya habitación del demonio. La cual profecía ya tiene dicho que le dejó Dios que se entiende de España. Y conforme a esto es decir que hirió Dios a la cabeza de España, que es al Rey nuestro Señor. Y que descubrió su fundamento hasta el cuello es decir que *no era rey natural* conforme a las herencias y sucesiones antiguas de los reyes de España [aquí cuestiona la legitimidad particular de la casa de los Habsburgo]. Y lo que luego dice *maldijiste sus cetros es decir que no se contenta Dios de las justicias y gobiernos que el día de hoy se hacen en España y en las Indias*. Porque parece que, aunque la intención del Rey nuestro Señor sea justa y santa, *a los menos los ministros de justicia (según dicen comúnmente los que vienen de España) más cuidado tienen de buscar maneras cómo sacar plata del reino que no cómo gobernarlo conforme al bien y paz común*. Que quiere decir que a la comunidad se dan muchos trabajos por sacar de ellos más dinero. Y esta significación se declara más infra, a donde dice: *mentirá la obra de la oliva* y también se declara más distintamente en el salmo *Deus ultionum* en el cual está aquel verso. *Beatus homo quem tu erudieris* el cual verso se entiende por este confesante, como ha dicho que se lo declaró Dios.

Actas I. Madrid, CSIC, 1992-1997, p.1031.

Y consiguientemente se tiene de entender que lo precedente del salmo se ha de entender de lo que pasa en estos tiempos. Y en todo el salmo, hasta aquel verso, reprende Dios los poderosos que maltratan a los pobres y en el primer verso y en el postrero del dicho salmo declara el salmista el castigo que Dios hace o ha de hacer por esta causa. Y en este mismo sentido y propósito se puede entender lo siguiente hasta donde dice *in abscondito*".[183]

En la audiencia de la tarde de ese mismo día, Fray Francisco anotó que lo que comentaba del cántico bíblico lo entendía también respecto de la Iglesia romana, "porque también (según comúnmente oye decir este confesante) en la dicha Iglesia maltratan los poderosos a los pobres".[184]

"Mentirá la obra de la oliva", es decir, que los hombres ricos y poderosos que habían de ser como oliva fructífera en la casa de Dios, como dice David de sí mismo, hacen lo contrario: que en lugar de ser misericordiosos dando de lo que tienen, chupan a los pobres y les quitan lo que tienen [...] *y así entiende este confesante que una de las causas porque Dios azotará a España será porque no se tiene el cuidado que era razón del consuelo y salvación de los indios*".[185]

La profecía de Fray Francisco relativa al fin del dominio español en las Indias, o al menos en el Perú, estaba basada en una profecía del profeta Habacuc: "Aunque la higuera no florecerá, ni en las vides habrá frutos; mentirá la obra de la oliva, y los labrados no darán mantenimiento. *Y las ovejas serán quitadas de la majada, y no habrá vacas en los corrales*".[186]

La obra de España en América fue cuestionada por Fray Francisco tanto en el plano espiritual como material sirviéndose de las palabras del profeta hebreo Habacuc, cuyo libro primero tiene

---

183 Abril Castelló, Vidal y Abril Stoffels, Miguel, *Francisco de la Cruz, Inquisición, Actas II, 1*. Madrid, CSIC, 1996, p.801.
184 Ibíd., *Op.cit.*, p.802.
185 Ibíd., *Op.cit.*, p.803.
186 Biblia Reina Valera, Habacuc, 3:17.

justamente como tema central, la denuncia de los pueblos poderosos que oprimen a otros pueblos y el consiguiente castigo que les espera, tradición ya inaugurada en profetas anteriores como Naúm o Amós: "Babilonia los saca a todos con anzuelo (a los hombres), los arrastra con sus redes, los recoge entre sus mallas y así se alegra y regocija [...] ¿Continuará vaciando sus redes y matando sin piedad a las naciones?".[187]

Fray Francisco en sus ulteriores declaraciones decía que él siendo teólogo entendía de la gravedad de hablar mal del Rey y de los ministros reales, pero que si esto lo había dicho es porque estaba 'fuera de sí' que no significaba propiamente 'locura', sino desde la perspectiva religiosa, iluminado con el 'don de profecía'. Esto es lo que se entiende cuándo él decía "porque Dios me [lo] ha dicho". Y por si no bastase a los inquisidores que lo estaban juzgando los encaró aduciendo que se le había dado, "luz de intérprete de la escritura".

No debemos olvidar en absoluto, que los dolorosos reclamos de Fray Francisco ocurren muy pocos años después de que se puso en marcha el plan reformista del virrey Francisco de Toledo, una de cuyas más duras disposiciones fue el envío de la población indígena –mediante el sistema rotativo de la mita- a la mina del Potosí y la cesación de muchos de los privilegios a la población noble nativa. Recordemos también que Fray Francisco no era un aislado inventor de profecías. Él formó parte de ese grupo de frailes llamado 'angelistas', cuyo fundador, el jesuita Luis López, fue el autor de los papeles manuscritos –decomisados por la Inquisición- que trataban de la entrada injusta de los españoles en el Perú, "afirmando que no existían títulos justos de guerra, ni de conquista, ni de tiranía de incas, ni de bula de Papa, ni de sucesión ni de otra legitimación alguna".[188] En una de sus miles de

---

187 Santa Biblia, Sociedad bíblica internacional, 1999, p.975-976.

188 Fernández Luzón, Antonio. "Francisco de la Cruz. El profeta libertador del Perú". En A. Fernández Luzón y Doris Moreno. *Protestantes, visionarios, profetas y místicos*. Barcelona, Random House Mondadori, 2005, p.159.

declaraciones, Fray Francisco expresaba su convicción de que los del grupo 'angelista' fueron escogidos también por Dios como profetas.

Por hoy es suficiente. Después revisaremos los ecos de estas palabras en otros arriesgados profetas del siglo venidero, el XVII.

Fuente de la Imagen: Representación pictórica de Habacuc. Lorenzo Lotto (1480-1556). Oratorio Suardi, Trescore (Bergamo), Italia.

54. De niños profetas y otras profecías jesuíticas
noviembre 13, 2012

Panfleto que muestra al Papa montado 'a caballo' sobre un jesuita

La expulsión de los jesuitas de los reinos americanos de España es suficientemente famosa. No lo es tanto la profusión de profecías que empezaron a circular por España y América sobre su regreso desde el momento de su expulsión en 1767.

Cuando los jesuitas fueron desterrados de los dominios españoles a través de la aplicación de la Real Pragmática fechada el 2 de abril, muchas personas sufrieron y lamentaron lo que fue considerado un hecho injusto por parte de la Corona. Este es un tema que ha formado parte de inmensos debates académicos por años y del que no podremos ocuparnos aquí.

Queremos sí, mostrar una de las facetas que tuvo ese importante fenómeno. Un gran número de allegados a la Compañía, pertenecientes a las élites y al vulgo, entraron en una enorme contradicción con este hecho, pues la oposición a la expulsión se convertía en una oposición al propio monarca, Carlos III, quien había firmado el decreto de "extrañamiento", "ocupación de sus temporalidades" y "prohibición de su restablecimiento en tiempo alguno".[189]

Como en aquellos tiempos no era sencillo disentir, los rumores y profecías sobre el regreso podemos considerarlos como una forma de participar políticamente sin ser implicado en algún incómodo asunto que pudiera ser interpretado como deslealtad a la Corona, o algo por el estilo. Era una sutil crítica revestida de esperanza en el futuro. Además de esto, las profecías no venían solas sino acompañadas de sarcásticos versos como este anónimo en el que se criticaba al rey y a sus ministros:

"Grimaldi es un genovés,
Aranda sin entereza,
Campomanes sin cabeza,
Roda cabeza sin pies,
El frayle un no sé qué es
embuelto dentro de un sayal,
y con arte sin igual,
a Carlos que es tronco Rey
le hazen quebrada toda ley,
sin conocer que obra mal".[190]

---

189 En la Biblioteca Virtual Miguel de Cervantes hay numerosos y valiosos documentos, además de estudios sobre el tema de la expulsión y el borrador del Real Decreto.
190 De la Biblioteca Virtual Miguel de Cervantes.
http://www.cervantesvirtual.com/portales/expulsion_jesuitas/leyenda.

En la puerta grande del convento dominico de México apareció este pasquín: "Viva la Compañía y su ley; mueran los dominicos y su rey".[191]

Se conocen expresiones proféticas referidas a la expulsión y regreso de los jesuitas desde Nápoles hasta América. La campesina Bernardina Renzi proclamaba que la persecución de los jesuitas era igual que la persecución de la Iglesia, vaticinando un castigo divino para los reyes que persiguieran a la Compañía.

Una mujer de Veracruz declaraba que aunque ella no creía en eso, sabía que habían sido "tantas las especies y varillas que se han divulgado con motivo de la extracción de los padres".[192] Varias monjas, en España, el reino de Nápoles y la Nueva España, vaticinaban sobre el mismo regreso y lanzaban amenazas.

Francesca Doria, una octogenaria de Bonifacio,[193] lanzó oscuras profecías, de las cuales la más esperanzadora era, "que esta gran persecución se concluirá con grande lustre de la misma Compañía y que no tardará".[194] Otra profecía, envuelta en un milagro, fue la de una religiosa capuchina de Murcia, quien "encomendaba con mucho fervor y espíritu a nuestro Señor la Compañía, y el mismo Señor le dijo que la Compañía volvería a reflorecer como el terebinto seco que estaba en la leñera". Según el jesuita Manuel Lungo, compilador de esta y otras profecías, "el terebinto seco volvió a echar nuevos y hermosos tallos, de lo que fue testigo todo el convento, y otras muchas personas de fuera".[195]

José Miguel Ignacio era el hijo de Miguel Pérez de León y San Miguel, comerciante de ropa de la ciudad de Puebla de los Ángeles, con un puesto en el mercado. José Miguel se convirtió en

---

191 Ha sido citado por Felipe Castro, Natalia Silva y Gabriel Torres.
192 Citado por Eva St Clair de los Papeles del jesuita Manuel Luengo.
193 El nombre completo de esta población es San Bonifacio, localidad perteneciente a la provincia de Verona en la actual Italia. Situada a unos 80 kilómetros al occidente de Venecia.
194 Inmaculada Fernández, "Profecías, coplas, creencias y devociones de los jesuitas expulsos durante su exilio en Italia", p.86.
195 Manuel Luengo, *Diario*.

un instrumento del reclamo de la expulsión. Era un niño "tullido" que el 18 de octubre de 1767 se levantó caminando perfectamente y proclamando: "padrecito, los padres jesuitas vuelven y vuelven a sus casas".[196]

Esta profecía le habría sido transmitida al niño por otro niño, un frailecito vestido con traje de San Ignacio, probablemente, una aparición. Pero la profecía venía acompañada de milagro y promesa: José Miguel que nació con los pies vueltos hacia adentro, logró caminar perfectamente por un momento. Él aseguraba que si los jesuitas regresaban, él podría llegar a caminar así cotidianamente. El niño tenía solamente, dos años y medio (o cuatro según otras versiones).

Se cuenta que la familia del niño era muy devota de la Compañía y de su hijo y que aunque algunos teólogos le aconsejaron al padre no hablar de estos hechos como una "revelación", si se intentó que se reconociera el milagro. Estos hechos de cualquier manera, sirvieron para dar cabida a la esperanza del retorno de los ignacianos.

En la misma Puebla ocurrieron hechos similares e incluso uno que involucraba a un bebé. Corría la voz de que el bebé había lanzado unas llaves a un individuo que estaba hablando mal contra San Ignacio y sus discípulos.

Los hechos narrados no fueron tan anecdóticos en su momento, pues empezaron a cobrar fuerza y a difundirse por todo el territorio novohispano, llegando a saberse de ellos incluso en España. Esto era un problema para las autoridades pues se corría el riesgo de que ocurriese una alteración de la tranquilidad pública. Y aunque se culpaba de la difusión y credibilidad en esos rumores a la gente del "vulgo", se sabía que había también religiosas que buscaban concederle importancia, poniendo en tensión a las autoridades civiles y a la Inquisición.

---

196 Citado por Eva St.Clair y Felipe Castro.

El jesuita español Manuel Luengo (1735-1816) percibió la importancia que podía tener para el restablecimiento de la orden el apelar al sentimiento que despertaban estas noticias, recopilando en un inmenso Diario algunas de las profecías que hemos referido aquí.

En una próxima ocasión volveremos con Bernardina Renzi u otra de sus coetáneas, para profundizar más en el sentimiento y resistencia que causó la expulsión de los "amados" padres de la Compañía.

Fuentes:

Castro Gutiérrez, Felipe. "Profecías y libelos subversivos contra el reinado de Carlos III", *Estudios de historia novohispana*, 11 (Dic.1992), p.85-96.

Clair Segurado, Eva. "'Padrecito, los padres jesuitas vuelven". Revelaciones, profecías y otros hechos maravillosos en Nueva España tras la expulsión de la Compañía de Jesús (1767-1772)", *Revista de Historia Moderna. Anales de la Universidad de Alicante*, 21 (2003), p. 5-66.

Fernández, Inmaculada, *Memorias de un exilio. Diario de la expulsión de los jesuitas de los dominios del Rey de España (1767-1768)*. Biblioteca Virtual Miguel de Cervantes.

Fernández, Inmaculada, "Profecías, coplas, creencias y devociones de los jesuitas expulsos durante su exilio en Italia". *Y en el tercero perecerán. Gloria, caída y exilio de los jesuitas españoles en el s. XVIII*. Alicante, Publicaciones Universidad de Alicante, 2002, p. 515-532.

Luengo, Manuel, *Diario 1767-1814*. Biblioteca Virtual Cervantes.

Silva Prada, Natalia, "Cultura política tradicional y opinión crítica: los rumores y pasquines iberoamericanos de los siglos XVI al XVIII" en Riccardo Forte y Natalia Silva (coords.), *Tradición y modernidad en la historia de la cultura política (siglos XVI-XX)*, 2009, p. 89-143.

Torres Puga, Gabriel, *Opinión pública y censura en Nueva España. Indicios de un silencio imposible. 1767-1794*. México, D.F.: El Colegio de México, Centro de Estudios Históricos, 2010.

Imagen: Biblioteca Nacional de Francia. http://gallica.bnf.fr

1 comentario a "De niños profetas y otras profecías jesuíticas"

1. Marlene Fortich el 13/11/2012 a las 11:59 AM

Muy interesante. Me encanta la historia.

55. De cofradías, profecías e independencias
diciembre 22, 2012

Diego Velásquez. Kitchen Maid with the supper at Emmaus, ca.1617-1618. National Gallery of Ireland

Este fin de año 'dieron frutos' muchas publicaciones que se encontraban pendientes. Finalmente se concluyó el dossier que coordiné en la revista virtual *Nuevo Mundo Mundos Nuevos* titulado 'Vetas políticas del profetismo moderno y contemporáneo', el cual invitamos a los lectores a revisar en su totalidad en el siguiente link:

http://nuevomundo.revues.org/30462#a-proposito-del-ano-2012-vetas-politicas-del-profetismo-moderno-y-contemporaneo

En la misma revista acaba de ser publicado un dossier sobre cofradías novohispanas integradas por población de origen africano y coordinado por Rafael Castañeda García y María Elisa Velázquez: 'Cofradías de negros y mulatos en la Nueva España:

devoción, sociabilidad y resistencias'. En él participan en orden de aparición, Natalia Silva Prada, Rosa Elena Rojas, Rafael Castañeda García y Úrsula Camba Ludlow. Los estudios se ocupan de cofradías como la de la Santa Veracruz Nueva de Coyoacán, la de San Benito de Palermo en la región del Bajío y la cofradía de San Roque en la ciudad de México, a la que nos referimos tanto Úrsula Camba como yo. Para acceder al sitio pueden dar click en:

http://nuevomundo.revues.org/30462#cofradias-de-negros-y-mulatos-en-la-nueva-espana-devocion-sociabilidad-y-resistencias

En este dossier tuve la oportunidad de participar con un texto que si bien parte de una proclamación profética en la ciudad de México -el anuncio de la llegada y gobierno de un rey mulato en 1666-, busca las raíces de ese momento en tradicionales festejos organizados por las cofradías, aún y a pesar de las prohibiciones de las autoridades. Nos referimos a las **coronaciones** de reyes y de reinas que ocasionalmente tenían lugar en el ambiente de estas asociaciones organizadas en principio con fines caritativos y contemplativos. Muchas de estas cofradías no eran exclusivas de la población afronovohispana y a ella podían pertenecer también, indios y chinos. En la ciudad de México los mulatos protagonizaron por lo menos 3 o 4 disturbios –documentados- en el curso de un siglo y medio, en los que se vieron involucradas varias cofradías, entre ellas la de Nuestra Señora de la Merced. Igualmente se mencionan casos similares ocurridos en cofradías negras del Río de la Plata y de Brasil, la de San Benito de Palermo y la de Nuestra Señora del Rosario.

Este texto deja abierta una importante pregunta que se irá resolviendo en los planes temáticos que tengo apartados para este blog: ¿Por qué la idea de la posible o realizada coronación de reyes en las cofradías negras desataba tantas sospechas y miedos entre las autoridades españolas? ¿Tenían estas proclamaciones intenciones políticas?

Sí, ese será uno de los temas privilegiados del próximo año: el rescate de los casos y del significado político de los reyes sustitutos: reyes de diversas etnias y de diversas procedencias. ¿Reyes de humo? o ¿Reyes para todos los gustos?

Hasta el próximo año, hasta después del día de Reyes.

Adición de última hora:

Y en el momento en el que cerraba mi último *post* llegó una novedad editorial más. El número 38 de la revista *Chronica Nova* del Departamento de Historia de la Universidad de Granada, España es un dossier coordinado por la profesora María Ángeles Gálvez Ruiz titulado, 'Sueños, miedos e identidades. Vivencias y narrativas de las Independencias americanas'. Este ejemplar es el resultado de la colaboración de varios profesores de América Latina y España. En él podrán encontrar los siguientes artículos:

Los sueños de expulsión o extinción de los españoles en conspiraciones, rebeliones, profecías y pasquines de la América Hispánica, siglos XVI al XVIII. Natalia Silva Prada

Una encrucijada conceptual en el marco de las independencias: la voz Patria. Perú, 1808-1814. Isabel Mª Povea Moreno

Imagen real e identidades híbridas en la antesala de la independencia de México. Laura Náter.

El puerto de Veracruz: el último reducto español en territorio novohispano. José Ronzón.

Entre insurgencias y perezas: el caso de Puerto Rico frente a los procesos de independencias continentales. Mabel M. Rodríguez Centeno.

La construcción del nuevo estado y la cuestión de las mujeres en México. María Ángeles Gálvez Ruiz.

****

Esta fue la última entrada de dos años de trabajo consecutivo en el blog "Los reinos de las Indias en el Nuevo Mundo". Un experimento muy positivo a través del cual pude continuar desarrollando mis intereses investigativos y darlos a conocer en tiempo real entre una variada audiencia de interesados. Esperamos que los lectores de esta compilación sigan interactuando con la autora a través del blog y dejando sus útiles comentarios. El año 2013 y 2014 se han dedicado y se seguirán dedicando al tema de las proclamaciones reales ilegítimas y a su significado. Planeamos para el final de este periodo continuar con la serie ahora inaugurada, 'Memorias de un blog', para dar continuidad al objetivo primario que dio nacimiento a esta bitácora: la puesta en marcha y funcionamiento de un aula virtual.

CPSIA information can be obtained
at www.ICGtesting.com
Printed in the USA
LVHW071357261020
669852LV00026B/202

9 781495 248184